高等职业教育人文基础课精品教材

物流行业
语言艺术与口语表达

主　编　刘淑一
副主编　赖永晖　胡冰清
参　编　肖　兴　李意兰　童清华
唐鹰尼　薛震湘　傅向东
童一帆　王　莉　韩　凯
陈　玮　李　振　左宛鑫
黄　洁　王根茂　林一星
郑璧双　黄国荣　刘晓豪

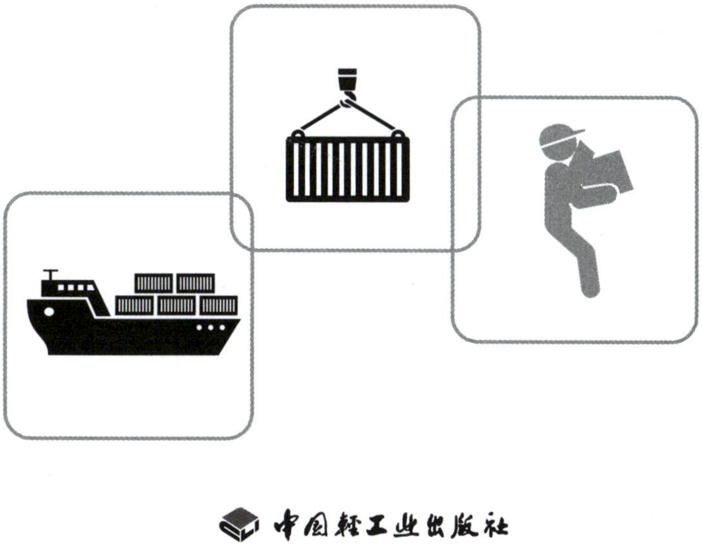

中国轻工业出版社

图书在版编目（CIP）数据

物流行业语言艺术与口语表达 / 刘淑一主编. — 北京：中国轻工业出版社，2023.9

高等职业教育人文基础课精品教材

ISBN 978-7-5184-4427-4

I. ①物… II. ①刘… III. ①物流—社会习惯语—高等职业教育—教材 IV. ①F25

中国国家版本馆CIP数据核字（2023）第078746号

责任编辑：张文佳　　责任终审：高惠京

整体设计：梧桐影　　责任校对：朱燕春　　责任监印：张　可

出版发行：中国轻工业出版社（北京东长安街 6 号，邮编：100740）

印　　刷：三河市国英印务有限公司

经　　销：各地新华书店

版　　次：2023年9月第1版第1次印刷

开　　本：787 × 1092　1/16　印张：13.5

字　　数：350千字

书　　号：ISBN 978-7-5184-4427-4　定价：48.00元

邮购电话：010-65241695

发行电话：010-85119835　传真：85113293

网　　址：http://www.chlip.com.cn

Email: club@chlip.com.cn

如发现图书残缺请与我社邮购联系调换

230384J2X101ZBW

前言

近年来，我国物流行业快速发展。2021 年 10 月 14 日晚，国家主席习近平以视频方式出席第二届联合国全球可持续交通大会开幕式并发表主旨讲话。习近平强调，要大力发展智慧交通和智慧物流，推动大数据、互联网、人工智能、区块链等新技术与交通行业深度融合，使人享其行、物畅其流。物流行业在推动经济发展，促进国内国际双循环，加速产业转型，加快商品流通，增加就业等方面具有十分重要的作用。

目前，很多高职院校都开设了物流相关的专业，为了顺应时代发展要求和专业开设需要，全面提高物流相关专业学生和从业人员的普通话水平和沟通交际能力，我们在校企合作的基础上，与物流行业的一线从业专家一起联合开发了这本基于物流工作岗位的流程特点的教材，通过目标引领、项目化教学等多样化的形式，帮助物流相关专业的学生和从业人员提高普通话水平。

本教材共设置了三个模块，分别为：模块一、物流普通话语音训练，包含发音器官训练、声母发音训练、韵母发音训练、声调发音训练、音节发音训练、音变发音训练、物流标准术语字音训练。模块二、物流普通话诵读技巧，包含词汇搭配、语法结构、语音发声技巧、节律处理技巧、态势语言技巧、诵读会组织策划、物流作品诵读。模块三、物流管理口语应用，包含采购口语应用、运输口语应用、存储口语应用、装卸口语应用、搬运口语应用、包装口语应用、配送口语应用、客服口语应用等内容。

本教材结合物流相关企业的实际人才需要和工作岗位的特点，以提升物流普通话语言面貌和实际口语表达能力为出发点，教材具有以下特点。

1. 逐层深入，构建物流普通话训练体系

教材构建了从物流普通话训练到诵读技巧提升，再到物流管理口语运用的逐级提升梯度体系，教材的每个章节由学习目标、知识内容、巩固练习、拓展训练、任务考核等模块组成，重视学生普通话提升的过程训练和提升效果的考核、评估，帮助学生在层级化的梯度学习和训练过程中，不断提升普通话水平。

2. 突出物流专业特色

教材在整体框架设计、内容选取和训练拓展等多方面，均以物流行业的实际工作场景为依托，基于物流企业的工作流程和企业岗位的语言表达需求，帮助学生在沉浸式的物流职业情境中学习普通话，纠正语音上的不足，提高物流口语表达能力，帮助他们在走上一线工作岗位时，成为一个普通话标准、善于沟通的优秀员工。

3. 学用结合，知行合一

教材每一个章节以知识学习为基础，通过巩固练习、拓展训练、考核提升的轮训方式，帮助学生运用物流企业的真实素材，轻松应对物流工作场景的语言表达需要，突出学用结合。教材中运用物流企业的真实工作案例和对话语境，帮助学生在学习普通话的过程中，不仅能够加深对物流行业运行规律的认识，同时激发他们的语言表达能力、沟通合作能力，实现知行合一。

本教材由湖南现代物流职业技术学院刘淑一教授担任主编，国

家级普通话测试员赖永晖、省级普通话测试员胡冰清担任副主编，省级普通话测试员唐鹰尼、韩凯、陈玮，李意兰、童清华、薛震湘、肖兴、王莉、傅向东、童一帆、左宛鑫、李振、黄洁、王根茂等具有多年普通话课程教学经验的一线老师，参与编写了这本教材。

同时，浩通国际货运代理公司、湖南生物圈教育咨询有限公司、深圳大埔国际物流有限公司等知名物流企业的一线专家参与了教材内容的编写和审核工作，确保了教材直接对接企业工作岗位需求，具有很强的实用性和针对性。

在编写本教材的过程中，编者参考、引用和改编了近年来出版的相关资料和网络资源，其中主要来源已在参考文献中列出，在此谨向相关作者表示敬意和谢意。

由于编者水平的限制，书中难免存在不妥之处，敬请广大读者和专家不吝指正，以便我们不断改进和完善。

2023 年 6 月于长沙

目录

模块一　物流普通话语音训练

模块二　物流普通话诵读技巧

模块三　物流管理口语应用

模块一

物流普通话语音训练

在这个模块中，我们将学习物流普通话语音训练的内容，主要包含发音器官训练、声母发音训练、韵母发音训练、声调发音训练、音节发音训练、音变发音训练、物流标准术语字音训练。①在发音器官训练中，我们将学习发音器官分类，发音器官训练，口腔的静、动态控制，咀嚼练习，双唇练习呼吸方式分类，发音呼吸状态，发音训练；②在声母发音训练中，我们将学习声母的概念、声母的分类、声母的发音技巧和声母发音训练；③在韵母发音训练中，我们将学习韵母的概念、韵母的分类、韵母的发音技巧和韵母发音训练；④在声调发音训练一节中，我们将学习声调的概念、声调的调类和调值、声调的发音技巧和声调发音训练；⑤在音节发音训练一节中，我们将学习音节的结构、音节的拼合、音节的拼读、音节的拼写、音节发音训练；⑥在音变发音训练一节中，我们将学习变调、轻声、儿化、语气词“啊”的音变；最后，我们将进行物流标准术语字音训练。

概述 普通话是中华艺术之瑰宝

日常工作、学习和生活中，人们可以借助动作、手势、表情、眼神等交流思想、传递信息、表达情感，但语言是最基本、最重要的交际手段。只有语言才能准确周密地表达人们的思想情感，承载和传输各种信息，是最直接、最方便的交际媒介。

一 普通话

国家推广全国通用的普通话。——摘自《中华人民共和国宪法》

1. 什么是普通话

普通话是现代标准汉语。汉语是世界上使用人数最多的语言，也是世界上发展较充分的语言之一，并且是联合国六种正式工作语言之一。汉语不等同于普通话。新中国成立后，为了更好地发挥语言文字在社会主义现代化建设中的作用，1955 年 10 月在现代汉语规范问题学术会议上将现代汉民族共同语定名为“普通话”，并确定了普通话的定义，即“以北京语音为标准音，以北方话为基础方言，以典范的现代白话文著作为语法规范”。我们国家是个多民族的国家，而人数最多的汉族也是一个方言众多的民族。为了更好地进行交流，提倡使用共同的语言——普通话。

2. 普通话与方言

汉语方言是汉语的地方变体，而汉语普通话则是现代汉民族的共同语。推广普通话并不是要人为地消灭方言，主要是为了消除方言隔阂，以利社会交际，与人民使用传承方言并不矛盾，把推广普通话和保护方言对立起来的观点是不正确的。

普通话是中华民族的共同语，但汉民族还有许多不同的方言。汉语的这些方言同普通话之间虽然有明显的差异，但同普通话相比较，语音方面有整齐的对应规律，基本词汇和语言构造也大体相同，因而并不是同普通话相对立的独立语言，而只是汉民族共同语的地域分支。

当前中国语言学界对现代汉语方言划分的意见还未完全一致，根据教育部 2021 年《中国语言文字概况》介绍，汉语方言通常分为十大方言：官话方言、晋方言、吴方言、闽方言、客家方言、粤方言、湘方言、赣方言、徽方言、平话土话。各方言区内又分布着若干次方言和许多种“土语”，其中使用人数最多的官话方言可分为东北官话、北京官话、冀鲁官话、胶辽官话、中原官话、兰银官话、江淮官话、西南官话八种次方言。

方言有其厚重的社会基础和文化基础，在各方言区内，方言一直被广泛应用在人们的日常生活和交际中，并保持着活跃的生命力。

二 普通话的形成与发展

自古以来各个朝代都注意用标准语的形式维系汉语的整体性。《论语》记载："子所雅言，《诗》《书》、执礼，皆雅言也。"意思是说，孔子在诵读《诗经》《尚书》和主持典礼的时候，都说的是"雅言"——而雅言，正是中国历史上最古老的民族共同语。随后，汉代的"通语"、元代的"天下通语"、明代的"官话"、民国的"国语"都尽可能在维系汉语的整体性。新中国成立以后，国家进一步对标准语加以规范，将这种现代汉民族共同语统称为"普通话"，并在全国推广普及。普通话和规范汉字作为联合国工作语言之一，已成为中外文化交流的重要桥梁和外国人学习汉语的首选语言。

三 大力推广普通话

1. 推广普通话的历程

大力推广和积极普及普通话，是我国的基本语言政策，党和政府十分重视这项工作。中华人民共和国成立后，1956 年成立中央推广普通话工作委员会，1958 年公布《汉语拼音方案》，形成全国范围的学习普通话热潮；1963 年公布《普通话异读词审音总表初稿》，1985 年由国家三部委正式公布《普通话异读词审音表》；1982 年修订的《中华人民共和国宪法》明文规定"国家推广全国通用的普通话"，从法律上确立了普通话的地位和作用；此后，随着改革开放步伐加快，人员流动日益频繁，内地到沿海城市工作的人数不断增加，普通话成为他们与当地人交往必需的语言形式，这为推广普通话带来了重要机遇；1997 年年底召开的"全国语言文字工作会议"重申，今后一个阶段推广普通话的任务是"大力推行，积极普及，逐步提高"；1998 年，经国务院批准，决定每年 9 月的第三周为全国推广普通话宣传周。2000 年 10 月 31 日第九届全国人民代表大会常务委员会第十八次会议通过了我国第一部语言法——《中华人民共和国国家通用语言文字法》（以下简称《语言文字法》），2001 年 1 月 1 日施行的《语言文字法》对普通话进一步提出了具体要求。2022 年 9 月 27 日，教育部举行新闻发布会指出全国普通话普及率从 70%提高到了 80.7%，识字人口使用规范汉字的比例超过 95%。第 25 届全国推广普通话宣传周开幕式上明确，我国将按照"聚焦重点、全面普及、巩固提高"的新时代推普方针，实现到 2025 年全国范围内普通话普及率达到 85%的目标。

2. 推广普通话的意义

推广普通话是经济和社会发展的需要，在经济活动日益频繁的今天，推广普通话比以往任何时候显得更为重要和突出，只有广泛使用普通话才能更好地促进人们之间的沟通和交流，才能适应改革开放不断深入、市场经济迅速发展的需求。推广普通话是国家、民族统一的需要。语言的融合、统一可以促进国家、民族的融合、统一。国家、民族的统一必须建立在语言统一的基础上，必须高度重视语言统一对维护国家、民族统一所起的重要作用。

四 认真学习普通话

1. 克服障碍，增强自信

学习普通话首先要克服思想上的障碍，消除“我学不好”的错误心理。试想，我们出生时并不会任何语言，但我们都学会了方言，所以我们都具备学习语言的基本条件和能力，自然也可以学好普通话。所以，一定要树立“我一定能学好普通话”的自信心。

2. 强化基础，掌握规律

普通话有规范的语音、词汇和语法系统，学习普通话就要从这些基础知识入手。要熟练掌握《汉语拼音方案》，通过学习和训练，切实掌握普通话声母、韵母、声调的发音，掌握普通话声母、韵母、声调的结合规律，掌握普通话的各种音变，同时要注意词汇和语法。

3. 勤学苦练，精益求精

普通话初学者可以照着书本或有声影像进行反复练习和模仿，但学好普通话不能仅仅停留在模仿上，而是在掌握了一定的基础知识后，对比找出自身存在的不足，有针对性地进行训练和攻克，从而提高学习效率。普通话的学习跟其他任何学习一样，不会一蹴而就，需要一个长期反复的练习、反思、巩固的过程。

4. 大胆开口，综合运用

我们学普通话的最终目的是能用普通话交流沟通，所以不能关起门来学，要大胆开口，积极实践。经常说才能保持普通话的敏感度，增强对其的熟练度。我们要有意识地在学习场合、工作场合、公共场合开口，大胆说普通话，就会形成一个良好的语言环境，这样的语言环境能大大提高学习普通话的质量。

任务1 发音器官训练

学习目标

1. 了解人体发音器官，并根据它们在发音过程中担负的功能，对这些发音器官进行分类。

2. 掌握发音器官的发音原理，发音器官的运动过程。

3. 掌握科学发声方法，学会正确调节呼吸，准确控制音量，做到科学用嗓。

知识内容

一 发音器官的分类

人体的发音器官是语言形成的基础，语音的形成依靠发音器官的活动，人类的声音是人的发音器官活动的结果，人的发音器官可分为三部分。

1. 呼吸器官

肺是产生语音的动力基地，由肺部呼出的气流是发声的动力。气管是输送气流的通道，由肺部呼出的气流通过气管、支气管到达喉头，作用于声带，经过一些发音器官的调节，才能发出不同的语音。

2. 声源器官：喉头和声带

喉头由软骨组成，下通气管、上接咽腔。声带位于喉头中间，是两片富有弹性的薄膜。声带的前端、后端分别固定在软骨上。两片声带之间的空隙叫声门。肌肉收缩，使软骨活动起来，也同时带动声带活动，使声带放松或拉紧、使声门打开或关闭。从肺部呼出的气流通过声门使声带振动发出声音，声音的高低不同是控制声带的松紧造成的。

3. 声音的制造厂：口腔、鼻腔

声带发出的声音只有经过共鸣器的调节，才能获得响亮的复杂的音色。口腔是语音的主要共鸣器，也是各种音色的主要制造厂。口腔中的发音器官包括：上下唇、上下齿、齿龈、上腭、小舌、舌头等，舌头是口腔中最活跃的发音器官，鼻腔是一种共鸣器，与口腔相通，通过小舌和软腭与口腔隔开，关闭鼻腔通道，发口音；打开鼻腔通道，发鼻音。气息是指呼出和吸入的气流，是发生的动力。气息的速度、流量、压力的

情况同声音的高低，强弱、长短以及共鸣效果都有直接关系，同语势的强弱和感情的表达也关系密切。

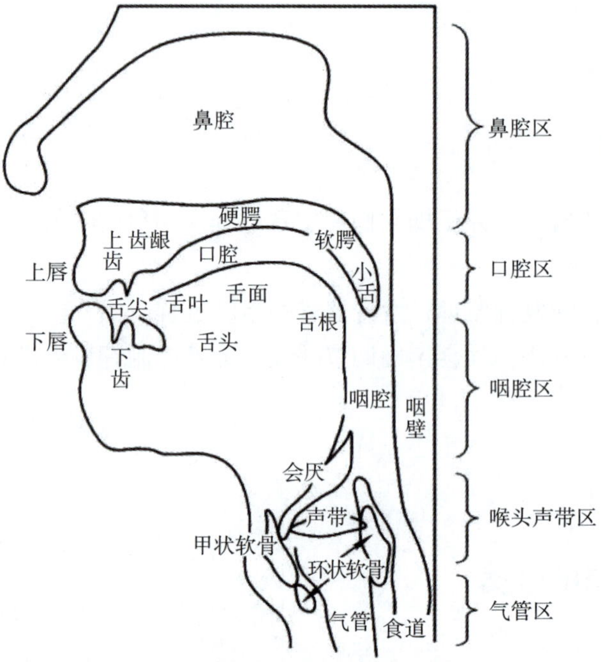

发音器官纵侧面示意图

呼吸器官：包括产生气流的肺部、输送气流的气管，气流是发音的原动力。

喉头和声带：气流通过声带使声带振动发出声音，声带是发音体。

口腔和鼻腔：声音在这里得到共鸣，扩大并传播出来。

二 发音器官训练

1. 唇的练习

（1）喷。也称作双唇后打响，双唇紧闭，将唇的力量集中于后中纵线三分之一的部位，唇齿相依，不裹唇，阻住气流，然后突然连续喷气出声，发出 p 的音。

b p 编排 被迫 奔跑 爆破

p b 陪伴 配备 破败 盘剥

（2）咧。将双唇闭紧尽力向前噘起，然后将嘴角用力向两边伸展（咧嘴），反复进行。

d t 代替 地毯 带头 灯塔

t d 偷盗 坦荡 态度 天地

（3）撇。双唇后闭紧向前噘起，然后向左歪、向右歪、向上抬、向下压。

（4）绕。双唇闭紧向前噘起，然后向左或向右作 60° 的转圈运动。

2. 舌的练习

（1）刮舌。舌尖抵下齿背，舌体贴住齿背，随着张嘴，用上门齿齿沿刮舌叶、舌面，使舌面能逐渐上挺隆起，然后，将舌面后移向上贴住硬腭前部，感觉舌面向头顶上部“百会”穴的位置立起来。这一练习对于打开后声腔和纠正“尖音”、增加舌面隆起的力量很有效。口腔开度不好的人、舌面音 j、q、x 发音有问题的人可以多练习。

（2）顶舌。闭唇，用舌尖顶住左内颊、用力顶，似逗小孩儿嘴里有糖状，然后，用舌尖顶住右内颊做同样练习。如上左右交替、反复练习。

（3）伸舌。将舌伸出唇外，舌体集中，舌尖向前、向左右、向上下尽力伸展。这一练习主要练习使舌体集中、舌尖能集中用力。

（4）绕舌。闭唇，把舌尖伸到齿前唇后，向顺时针方向环绕 360°，然后向逆时针方向环绕 360°，交替进行。

（5）立舌。将舌尖向后贴住左侧槽牙齿背，然后将舌沿齿背推至门齿中缝，使舌尖向右侧方向翻，然后做相反方向的练习。这一练习对于改进边音 l 的发音有益。

（6）舌打响。口部训练以唇舌力量的训练为主，常做口部操，可以有效地加强唇舌力量，提高唇舌灵活度，使发出的声音干净、明亮、集中。

（7）气泡音。声门闭合，气流从中均匀通过，发出一连串气泡似的声音。此时，两侧声带相互靠拢，声音明亮。气泡音可用于发声前的准备活动和发声后的嗓音恢复。

（8）共鸣控制。要求音位准确、声音纯正、干净集中、穿透力强。播音共鸣的特点：以胸腔共鸣为基础，以口腔共鸣为主，以混合共鸣为后备，口腔共鸣使声音明亮结实，字音圆润动听。

（9）口的开合练习。张嘴像打哈欠（打槽牙，挺软腭），闭嘴如啃苹果（松下巴）。开口的动作要柔和，两嘴角向斜上方抬起，上下唇稍放松（提颧肌），舌头自然放平。做这个练习，克服口腔开度的问题。

（10）舌头练习。

舌尖顶下齿，舌面逐渐上翘。

舌尖在口内左右顶口腔壁，在门牙上下转圈。

舌尖伸出口外向前伸，向左右、上下伸。

舌在口腔内左右立起。

舌尖的弹练，弹硬腭、弹口唇。

舌尖与上齿龈接触打响。

舌根与软腭接触打响。

三 口腔的静、动态控制

1. 静态控制

打开口腔、提颧肌、开牙关、挺软腭、松下巴、欲达声挂前腭：

①调整呼吸，声波成束。

②声波畅通，音饱色纯。

③声射腭前，声音鲜明。

2. 动态控制

字头（吐字）：咬住，弹出，部位准确，气息饱满，结实有力，暂停敏捷，干净利落。

字腹（立字）：拉开，立起，气息均匀，音长适当，圆润丰满，窄韵宽发，宽韵窄发，前音后发，后音前发，圆音扁发，扁音圆发。

字尾（归音）：尾音较短，完整自如，避免生硬，归音到位，送气到家，干净利落，趋向鲜明。

四 咀嚼练习

张口咀嚼与闭口咀嚼结合进行，舌头自然放平，反复做效果更好。

五 双唇练习

双唇闭拢向前、后、左、右、上、下，以及左右转圈，双唇打响。

六 呼吸方式的分类

日常生活交流中，除吐字发音正确外，要想使自己的声音运用自如、清晰响亮、音色圆润、优美动人，送得远，就必须学会控制气息，掌握呼吸和换气的技巧。

呼吸器官由气管、肺、膈肌和胸廓构成，根据呼吸的机制，呼吸方式可分为以下三种。

1. 腹式呼吸

以膈肌运动为主，吸气时胸廓的上、下径增大。腹式呼吸时，横膈肌会下降，腹压增加，感觉好像是空气直接进入腹部，这时若把手放在肚脐上，会感觉手上下微微抬放。

2. 胸式呼吸

以肋骨和胸骨活动为主，吸气时胸廓前后、左右径增大。由于呼吸时，空气直接进入肺部，故胸腔会因此而扩大，腹部保持平坦。单纯的胸式呼吸一般在腹式呼吸受阻（紧张、过饱、姿势不正等）的时候出现。

3. 胸腹联合式呼吸

操纵气息的部位在胸部和腹部的连接处，即横膈膜。吸气时，胸部放松，腰部周围明显扩张，两肺底部的横膈膜向下运动，气息自然充分地吸入身体。呼气时，胸腔扩张挺起，小腹向内、向上收缩，横膈膜向上运动，将气息由肺部挤出，完成发声过程。

七 发音呼吸状态

发音需建立正确的呼吸状态和良好的气息使用习惯，应注意以下几点。

1. 喉部放松

吐字力度的增加容易使喉部绷紧，影响发音时气流的通畅。吐字用力时要注意放松喉部。

2. 气息下沉

气息下沉是指吸气时要利用膈肌力量将气息吸得深一些，感受气息沉入腹部的感觉。气息下沉是较深的呼吸，容易取得放松的状态。这种气息状态与放松的喉部配合，易于产生积极而又宽松自然的声音。

3. 腹部用力

发音时气息的发力点在腹部。发力点在腹部可以锻炼使用腹肌控制呼气的能力，腹肌与膈肌的配合可以更有效地控制气流。

4. 气息连贯

不要一字一顿，气流在语句中要保持畅通的流动状态。控制好气息要连贯，不要造成“念字”的现象，使表达变得不自然。

5. 气息换气

人们说话时，不能一口气将所要说的话说完，总要换气，以保证有足够的气息，满足表情达意的需要。

换气的方法有大气口和小气口两种：

（1）大气口，是在表达允许作短暂停顿的地方，先吐出一点气，紧接着深深吸足一口气，为下边的说话准备足够的气息，这种少呼多吸的换气方法，就叫大气口。

用大气口的方式换气，要把气口安排在句中作稍长停顿的地方。用这种方式换气，一要及时，凡可以换气的地方就要及时换气，不要错过机会；二要吸足气，以保证语气从容和音色的优美，防止出现气竭现象。

（2）小气口，是指说一句较长的话时，在可以进行气息停顿的地方，急速吸进一小口气，或在吐完前一个字时不露痕迹地带回一点气来，以弥补底气的不足。这种只吸不呼的换气方法，叫小气口，也叫“偷气”“补气”。

用小气口换气，气口的选择要以不妨碍语意表达，不割裂语法结构为原则。用这种方法“补气”，一是动作要快；二是轻松自然，不露痕迹，做到字断气不断。

巩固练习

一 口腔共鸣训练——单音节词

爸 bà	把 bà	巴 bā	大 dà	打 dǎ	达 dá
怕 pà	趴 pā	帕 pà	啪 pā	鹏 péng	碰 pèng

二 口腔共鸣训练——多音词

哗啦啦 huālālā	哐啷啷 kuānglānglāng
扑嗵嗵 pūtōngtōng	呼噜噜 hūlūlū
晶莹剔透 jīngyíngtītòu	噼里啪啦 pīlǐpālā
披荆斩棘 pījīngzhǎnjí	汹涌澎湃 xiōngyǒngpéngpài

三 口腔共鸣——综合训练

颁 bān	标 biāo	包 bāo	爆 bào	配 pèi	飘 piāo	篇 piān	胖 pàng
皮 pí	坡 pō	本 běn	冰 bīng	辨 biàn	别 bié	版 bǎn	部 bù

颁布 bānbù	板报 bǎnbào	褒贬 bāobiǎn	步兵 bùbīng
批评 pīpíng	偏旁 piānpáng	乒乓 pīngpāng	匹配 pǐpèi

四 鼻腔共鸣——多音节词

麦苗 màimiáo	眉目 méimù	门面 ménmian	磨灭 mómiè
命名 mìngmíng	迷茫 mímáng	面貌 miànmào	埋没 máimò
麻木 mámù	明明 míngmíng	明媚 míngmèi	牧民 mùmín
面孔 miànkǒng	年龄 niánlíng	泥泞 nínìng	版面 bǎnmiàn

五 鼻腔共鸣——综合训练

奶 nǎi	纽 niǔ	扭 niǔ	男 nán	闹 nào	怒 nù	弄 nòng	农 nóng
泥 ní	逆 nì	耐 nài	女 nǚ	那 nà	您 nín	倪 ní	奴 nú
奶牛 nǎiniú		男女 nánnǚ		恼怒 nǎonù		能耐 néngnai	
无奈 wúnài		男子 nánzǐ		水牛 shuǐniú		南部 nánbù	

六 胸腔共鸣——体会练习

航 háng	胡 hú	湖 hú	海 hǎi	嗨 hāi	嘿 hēi	哼 hēng	横 héng
货 huò	火 huǒ	获 huò	话 huà	花 huā	华 huá	慧 huì	汇 huì
航海 hánghǎi		呼唤 hūhuàn		花卉 huāhuì		谎话 huǎnghuà	
互换 hùhuàn		辉煌 huīhuáng		黄昏 huánghūn		呵护 hēhù	

七 打开口腔——挺软腭

皇 huáng	护 hù	混 hùn	荒 huāng	蝗 huáng	魂 hún	虎 hǔ	汇 huì
药 yào	医 yī	用 yòng	易 yì	永 yǒng	野 yě	佣 yōng	

八 打开口腔——打开上下牙槽

打 dǎ	大 dà	达 dá	那 nà	哪 nǎ	喇 lǎ	发 fā
麻 má	马 mǎ	法 fǎ	垃 lā	杀 shā	傻 shǎ	萨 sà
山 shān	商 shāng					

九 打开口腔——降低喉头

啊 ā	爱 ài	矮ǎi	唉 āi	安 ān	俺ǎn	案 àn	岸àn
暗 àn	氨 ān	嗳ài	按 àn	鞍 ān	艾ài	皑 ái	鹌ān

拓展训练

1. 喉音练习（训练打开喉咙）

树上卧只猴，树下蹲条狗。

猴跳下来撞了狗，狗翻起来咬住猴。

不知是猴咬狗，还是狗咬猴。

2. 气息练习

数枣

新疆大枣真好吃，一个枣，两个枣，三个枣，四个枣，五个枣……

练习要求：一口气完成，中间不偷气、不换气，吐气均匀，气息吐净。每天练习一遍，每次比前一次多数一个枣。

3. 气息控制训练

气要吸得深，保持一定量，呼气要均匀、通畅、灵活。

吸气：①深吸一口气后保持，嘴里快速发出“噼里啪啦，噼里啪啦”（反复）到这口气将尽时发出“嘭－啪”的断音。反复 4～6 次。

②一口气吸足，先慢后快地发出“嘿厚、嘿厚”（反复逐渐加快），加快到气力不支为止，反复练习。

吸气：腰腹扩张（凸）。

呼气：腰腹收缩（凹）。

任务考核

任务 1　发音器官训练考核评分表

评价主体	评价项目与内容	评价分值（分）				
		10	7	5	3	1
学生自评	1. 了解发音器官的各部位位置及作用					
	2. 掌握发音器官各部位的应用					
	3. 掌握打开口腔的要领					
	4. 了解口腔、胸腔、鼻腔共鸣要点					
学生互评	1. 乐于助人，善于团队合作					
	2. 课堂表现积极、乐于语言学习					
	3. 普通话正音效果显著					
教师点评	1. 整理方言和普通话词汇对照表，这样便于记忆和纠正方言的不规范读音					
	2. 通过练习掌握发音器官的发音原理					
	3. 运用发音方法改善发音现状					
总分						

任务 2 声母发音训练

学习目标

1. 掌握普通话声母的分类、发音等语音知识。
2. 掌握普通话声母的概念、特点。
3. 了解零声母的发音特点。

知识内容

普通话的发音学习总是从声母开始。从学习的难度来说，声母的难度相对较小，问题容易暴露，也相对容易矫正，然而这并不意味着声母的学习就可以掉以轻心，特别是在做到声母发音的规范以及发音动作的自然、美观，仍然存在不少值得注意的地方。声母的学习重点是声母的分类与声母发音的基本要求。为什么要了解声母的分类呢？因为声母的分类是依据发音部位或发音方法来的，了解这些基本的发音部位和发音方法，对于严格做到规范的发音要求很有帮助。

一 声母的基本概念

按照汉语语音学的传统分析方法，把一个音节分为声和韵两部分。声就是声母，它指的是一个汉语音节起头的辅音。在普通话约 400 个无调音节中，声韵配合的占 90%，而不到 10%的音节由单元音或复合音自己独立承担。其实，没有辅音声母的音节，在古音或方音中，它们也都是有辅音声母的。我们把没有辅音声母的音节叫零声母音节，把没有辅音的声母叫零声母。

二 声母的分类

可以依据不同的发音部位、发音方法，以及送气与否、清浊区分等不同的发音条件把普通话 21 个辅音声母分成不同的类型进行分析、识别。

（一）按发音部位分类

普通话声母按照发音部位进行分类可分为 7 类：

（1）双唇音。由上唇和下唇构成阻碍而形成的音，有 3 个：b、p、m。

（2）唇齿音。由下唇和上齿构成阻碍而形成的音，只有 1 个：f。

（3）舌尖中音。由舌尖和上齿龈构成阻碍而形成的音，有 4 个：d、t、n、l。

（4）舌根音。由舌根和软腭构成阻碍而形成的音，有 3 个：g、k、h。

（5）舌面音。由舌面和硬腭构成阻碍而形成的音，有 3 个：j、q、x。

（6）舌尖后音。舌尖翘起和硬腭构成阻碍形成的音，有 4 个：zh、ch、sh、r。

（7）舌尖前音。由舌尖和上齿背构成阻碍而形成的音，有 3 个：z、c、s。

（二）按声母的发音方法分类

声母的发音方法要从三个方面来说明。

1. 克服阻碍的方式

按照发音时气流克服阻碍的方式，普通话的声母分为五类：

（1）塞音。构成阻碍的两个部位完全闭塞。软腭上升，堵塞通向鼻腔的通路。气流经过口腔时冲破阻碍迸裂而出，爆发成声。塞音有 6 个，即：b、p、d、t、g、k。

（2）擦音。构成阻碍的两个部位非常接近，留下窄缝。软腭上升，堵塞通向鼻腔的通路。气流经过口腔时从窄缝挤出，摩擦成声。擦音有 6 个，即：f、h、x、sh、r、s。

（3）塞擦音。构成阻碍的两个部位完全闭塞。软腭上升，堵塞通向鼻腔的通路。气流经过口腔先把阻塞部位冲开一条窄缝，从窄缝中挤出，摩擦成声。先破裂，后摩擦，结合成一个音。塞擦音有 6 个，即：j、q、zh、ch、z、c。

（4）鼻音。口腔里构成阻碍的两个部位完全闭塞。软腭下垂，打开通向鼻腔的通路。气流颤动声带，从鼻腔通过。鼻音有两个，即：m 和 n。

（5）边音。舌尖与齿龈相接构成阻碍，舌头两边留有空隙。软腭上升，堵塞通向鼻腔的通路。气流经过口腔，颤动声带，从舌头的两边通过。边音只有 1 个，即：l。

2. 气流的强弱

按照发音时呼出的气流的强弱，普通话声母中的塞音和塞擦音分为两类，就是不送气音和送气音。

（1）不送气音。发音时，呼出的气流较弱。有 6 个，即：b、d、g、j、zh、z。

（2）送气音。发音时，呼出的气流较强。有 6 个，即：p、t、k、q、ch、c。

3. 声带是否颤动

按照发音时声带是否颤动，普通话的声母分为两类：清音和浊音。

（1）清音。气流呼出时，声门打开，声带不颤动，发出的音不响亮。清音有 17 个，即：b、p、f、d、t、g、k、h、j、q、x、zh、ch、sh、z、c、s。

（2）浊音。气流呼出时，声带颤动，发出的音比较响亮。浊音有 4 个，即：m、n、l、r。

把上面讲的声母的发音部位和发音方法结合起来，就可以说明普通话中 21 个声母是怎么发音的。

b 双唇 不送气 清 塞音

发音要领：双唇闭合，同时软腭上升，关闭鼻腔通路；气流到达双唇后蓄气；凭借积蓄在口腔中的气流突然打开双唇成声。

例 搬 bān、拜 bài、报 bào、辨 biàn、别 bié、标 biāo

搬运 bānyùn、包裹 bāoguǒ、保税 bǎoshuì、标签 biāoqiān

报关行 bàoguānháng、标签机 biāoqiānjī、搬运工 bānyùngōng

p 双唇 送气 清 塞音

发音要领：成阻与持阻阶段与 b 相同，不同的是，除阻时声门开启，从肺部呼出一股较强的气流成声。

例 怕 pà、派 pài、炮 pào、批 pī、评 píng、乒 pīng

牌照 páizhào、盘点 pándiǎn、配额 pèié、配送 pèisòng

配送站 pèisòngzhàn、批发商 pīfāshāng、拼箱货 pīnxiānghuò

m 双唇 浊 鼻音

发音要领：双唇闭合，软腭下垂，打开鼻腔通路；声带振动，气流同时到达口腔和鼻腔，在口腔的双唇处受到阻碍，气流从鼻腔通过成声。

例 骂 mà、迈 mài、冒 mào、美 měi、面 miàn、牡 mǔ

码放 mǎfàng、满舱 mǎncāng、码头 mǎtóu、马上 mǎshàng

卖空者 màikōngzhě、门到场 méndàochǎng、门到站 méndàozhàn

f 唇齿 清 擦音

发音要领：下唇向上门齿靠拢，形成间隙；软腭上升，关闭鼻腔通路；气流从齿唇形成的间隙摩擦通过而成声。

例 法 fǎ、飞 fēi、凤 fèng、封 fēng、反 fǎn、复 fù

分拣 fēnjiǎn、分点 fēndiǎn、反复 fǎnfù、方法 fāngfǎ

发货区 fāhuòqū、防火墙 fánghuǒqiáng、废弃物 fèiqìwù

d 舌尖中 不送气 清 塞音

发音要领：舌尖抵住上齿龈，形成阻塞；软腭上升，关闭鼻腔通路；气流到达口腔后蓄气，突然解除阻塞成声。

例 大 dà、代 dài、到 dào、点 diǎn、当 dāng、代 dài

单据 dānjù、多件 duōjiàn、堆码 duīmǎ、电商 diànshāng

党中央 dǎngzhōngyāng、打字员 dǎzìyuán、大峡谷 dàxiágǔ

t 舌尖中 送气 清 塞音

发音要领：成阻与持阻阶段与 d 相同，不同的是，除阻时声门开启，从肺部呼出一股较强的气流成声。

例 踏 tà、太 tài、套 tào、团 tuán、探 tàn、讨 tǎo

提货 tíhuò、通知 tōngzhī、同城 tóngchéng、统一 tǒngyī

退回件 tuìhuíjiàn、条形码 tiáoxíngmǎ、托运单 tuōyùndān

n 舌尖中 浊 鼻音

发音要领：舌尖抵住上齿龈，形成阻塞；软腭下垂，打开鼻腔通路，声带振动，气流同时到达口腔和鼻腔，在口腔受到阻碍，气流从鼻腔通过成声。

例 纳 nà、耐 nài、闹 nào、牛 niú、奶 nǎi、农 nóng

牛市 niúshì、挪威 nuówēi、酿造 niàngzào、努力 nǔlì

内陆港 nèilùgǎng、农作物 nóngzuòwù、内陆湖 nèilùhú

l 舌尖中 浊 边音

发音要领：舌尖抵住上齿龈后部，阻塞气流从口腔中路通过；软腭上升，关闭鼻腔通路，声带振动；气流到达口腔后从舌头两侧通过而成声。

例 辣 là、赖 lài、烙 lào、联 lián、络 luò、劳 láo

列车 lièchē、冷藏 lěngcáng、料棚 liàopéng、零售 língshòu

零库存 língkùcún、联运站 liányùnzhàn、冷冻区 lěngdòngqū

g 舌根 不送气 清 塞音

发音要领：舌面后部隆起，抵住硬腭和软腭交界处，形成阻塞；软腭上升，关闭鼻腔通路，气流在形成阻塞的部位后积蓄，突然解除阻塞成声。

例 尬gà、盖gài、告gào、骨gǔ、干gàn、国guó

港口 gǎngkǒu、关税 guānshuì、国际 guójì、公路 gōnglù

管理层 guǎnlǐcéng、供求 gōngqiú

k 舌根 送气 清 塞音

发音要领：成阻与持阻阶段与 g 相同，不同的是，除阻时声门开启，从肺部呼出一股较强的气流成声。

例 喀 kā、慨 kǎi、靠 kào、刻 kè、苦 kǔ、宽 kuān

扣关 kòuguān、库房 kùfáng、快运 kuàiyùn、客户 kèhù

空运机 kōngyùnjī、空投箱 kōngtóuxiāng、控制器 kòngzhìqì

h 舌根 清 擦音

发音要领：舌面后部隆起，接近硬腭和软腭的交界处，形成间隙；软腭上升，关闭鼻腔通路，使气流从形成的间隙摩擦通过而成声。

例 哈 hā、害 hài、浩 hào、欢 huān、呼 hū、辉 huī

货场 huòchǎng、海岸 hǎiàn、回单 huídān、货物 huòwù

海关税 hǎiguānshuì、合资人 hézīrén、合作者 hézuòzhě

j 舌面 不送气 清 塞擦音

发音要领：舌尖抵住下齿背，使舌面前部紧贴硬腭；软腭上升，关闭鼻腔通路；在阻塞部位后面积蓄气流；解除阻塞时，在形成阻塞的部位之间保持适度的间隙，使气流从间隙通过而成声。

例 架 jià、街 jiē、件 jiàn、积 jī、极 jí、经 jīng
接单 jiēdān、进港 jìngǎng、寄件 jìjiàn、净重 jìngzhòng
集装箱 jízhuāngxiāng、激光仪 jīguāngyí、检验品 jiǎnyànpǐn

q 舌面 送气 清 塞擦音

发音要领：成阻阶段与 j 相同，不同的是，当舌面前部与硬腭前部分离形成适度间隙时，声门开启，从肺部呼出一股较强的气流成声。

例 恰 qià、窃 qiè、欠 qiàn、请 qǐng、求 qiú、确 què
恰好 qiàhǎo、强化 qiánghuà、前后 qiánhòu、切换 qiēhuàn
全球性 quánqiúxìng、启动时 qǐdòngshí、企业家 qǐyèjiā

x 舌面 清 擦音

发音要领：舌尖抵住下齿背，使舌面前部接近硬腭前部，形成适度的间隙；舌尖下垂，上下齿对紧，气流从空隙通过而成声。

例 下 xià、歇 xiē、县 xiàn、学 xué、习 xí、虚 xū
乡道 xiāngdào、信息 xìnxī、行政 xíngzhèng、熊市 xióngshì
箱式车 xiāngshìchē、消费者 xiāofèizhě、信息流 xìnxīliú

zh 舌尖后 不送气 清 塞擦音

发音要领：舌头前部上抬，抵住硬腭前端，同时软腭上升，关闭鼻腔通路，在形成阻塞的部位后积蓄气流；解除阻塞时，在形成阻塞的部位之间保持适度的间隙，使气流从间隙通过而成声。

例 诈 zhà、债 zhài、照 zhào、主 zhǔ、张 zhāng、政 zhèng
纸箱 zhǐxiāng、中转 zhōngzhuǎn、整车 zhěngchē、质量 zhìliàng
中间件 zhōngjiānjiàn、整箱货 zhěngxiānghuò、滞留件 zhìliújiàn

ch 舌尖后 送气 清 塞擦音

发音要领：成阻阶段与 zh 相同，不同的是，除阻时声门开启，从肺部呼出一股较强的气流成声。

例 岔 chà、拆 chāi、超 chāo、出 chū、产 chǎn、查 chá
操作 cāozuò、出口 chūkǒu、船队 chuánduì、处理 chǔlǐ
出厂价 chūchǎngjià、成本价 chéngběnjià、承载力 chéngzàilì

sh 舌尖后 清 擦音

发音要领：舌头前部上抬，接近硬腭前端，形成适度的间隙，同时软腭上升，关闭鼻腔通路，使气流从间隙摩擦通过而成声。

例 事 shì、晒 shài、绍 shào、势 shì、手 shǒu、术 shù
实施 shíshī、时间 shíjiān、搜索 sōusuǒ、诉讼 sùsòng
市场价 shìchǎngjià、实际上 shíjìshang、适用于 shìyòngyú

r　舌尖后 浊 擦音

发音要领：发音部位与 s 同，不同的是，发音时声带振动，摩擦轻微。

例　日 rì、热 rè、绕 rào、柔软 róuruǎn、仍 réng
融资 róngzī、绕行 ràoxíng、日期 rìqī、让行 ràngxíng
荣誉感 róngyùgǎn、日销售 rìxiāoshòu、弱覆盖 ruòfùgà

z　舌尖前 不送气 清 塞擦音

发音要领：舌尖抵住上门齿背形成堵塞，在形成阻塞的部位后积蓄气流；同时软腭上升，关闭鼻腔通路；除阻时，形成阻塞的部位之间保持适度的间隙，使气流从间隙通过而成声。

例　杂 zá、在 zài、早 zǎo、走 zǒu、卒 zú、栽 zāi
杂草 zácǎo、早饭 zǎofàn、走卒 zǒuzú、栽花 zāihuā
藏族舞 zàngzúwǔ、自尊心 zìzūnxīn、总原则 zǒngyuánzé

c　舌尖前 送气 清 塞擦音

发音要领：成阻阶段与 z 相同，不同的是，除阻时声门开启，从肺部呼出一股较强的气流。

例　擦 cā、菜 cài、仓 cāng、层 céng、次 cì、参 cān
存放 cúnfàng、仓库 cāngkù、仓储 cāngchǔ、存储 cúnchǔ
采购力 cǎigòulì、存根号 cúngēnhào、操作者 cāozuòzhě

s　舌尖前 清 擦音

发音要领：舌尖接近上齿背，形成间隙；同时软腭上升，关闭鼻腔通道；气流从间隙摩擦通过成声。

例　撒 sā、塞 sài、臊 sāo、思 sī、索 suǒ、琐 suǒ
试验 shìyàn、实验 shíyàn、思想 sīxiǎng、洒落 sǎluò
商业化 shāngyèhuà、税务局 shuìwùjú、输入值 shūrùzhí

普通话声母发音要领表

声母 \ 发音部位 / 发音方法			双唇音		唇齿音		舌尖前音（平舌音）		舌尖中音		舌尖后音（翘舌音）		舌面音		舌根音	
			上唇	下唇	上齿	下唇	舌尖	上齿背	舌尖	上齿龈	舌尖	硬腭前	舌面前	硬腭前	舌根	软腭
塞音	清音	不送气	b						d						g	
		送气	p						t						k	

续表

声母 发音方法		发音部位	双唇音（上唇、下唇）	唇齿音（上齿、下唇）	舌尖前音（平舌音）（舌尖、上齿背）	舌尖中音（舌尖、上齿龈）	舌尖后音（翘舌音）（舌尖、硬腭前）	舌面音（舌面前、硬腭前）	舌根音（舌根、软腭）
塞擦音	清音	不送气			z		zh	j	
塞擦音	清音	送气			c		ch	q	
擦音	清音			f	s		sh	x	h
擦音	浊音						r		
鼻音	浊音		m			n			
边音	浊音					l			

三 零声母

通常，我们把没有辅音声母的音节叫作“零声母音节”。实验语音学的研究证明，零声母音节往往也有特定的具有某些辅音性质的起始方式。

1. 开口呼零声母：以 a、o、e 起头的零声母

暗暗àn’àn　昂昂áng’áng　恩爱ēn’ài　偶尔ǒu’ěr
傲岸ào’àn　嗷嗷áo’áo　阿姨ā’yí　安逸ān’yì
熬夜áo’yè　恶意è’yì　扼要è’yào　爱护ài’hù

2. 齐齿呼零声母：以 i 开头的零声母

议案 yìàn　要隘 yào’ài　银耳 yín’ěr　幼儿 yòu’ér
因而 yīn’ér　友爱 yǒu’ài　诱饵 yòu’ěr　演义 yǎnyì
扬言 yángyán　摇曳 yáoyè　野营 yěyíng　影艺 yǐngyì

3. 合口呼零声母：以 u 开头的零声母

巍峨 wēi’é　晚安 wǎn’ān　伟岸 wěi’àn　万安 wàn’ān
外耳 wài’ěr　雾霭 wù’ǎi　问案 wèn’àn　外因 wàiyīn
蜿蜒 wānyán　文艺 wényì　午夜 wǔyè　武威 wēiwǔ

4. 撮口呼零声母：以 ü 开头的零声母

余额 yú'é　　悦耳 yuè'ěr　　鱼饵 yú'ěr　　冤案 yuān'àn

员额 yuáné　　云霭 yún'ǎi　　拥有 yōngyǒu　　用意 yòngyì

语言 yǔyán　　鸳鸯 yuānyāng　　园艺 yuányì　　缘由 yuányóu

四 声母的辨正

1. 区分送气音与不送气音

不送气音 b、d、g、j、zh、z 发音时呼出的气流较弱，送气音 p、t、k、c、ch、q 发音时呼出的气流较强，可在发音时用手掌放置于嘴部前方感受气流的变化。

b—p 编排 biānpái　　d—k 党课 dǎngkè

g—k 顾客 gùkè　　j—q 技巧 jìqiǎo

zh—ch 直尺 zhíchǐ　　z—c 再次 zàicì

2. 区分平舌音与翘舌音

平舌音 z、c、s 舌尖前部向上抬起，与上齿背或上齿龈接触，且抵在上齿龈可减少杂音；翘舌音 zh、ch、sh 舌尖后部翘起接触或接近硬腭，舌尖不要向后卷。

z—zh 再战 zàizhàn　　c—ch 财产 cáichǎn

3. 区分翘舌音与舌面音

翘舌音 zh、ch、sh 是舌尖后部翘起，抵住或接近硬腭；舌面音 j、q、x 是舌面前部接近硬腭。

zh—j 知己 zhījǐ　　ch—x 查询 cháxún

4. 区分舌尖前音

舌尖前音 z、c、s 发音时舌尖容易太靠前，舌尖与上齿龈接触过多或过紧。其次，发音时不能让舌尖放置于上下齿之间，不要翘起。

c—ch 操场 cāochǎng　　s—sh 三十 sānshí

5. 区分舌根音 h 与唇齿音 f

舌根音 h 发音时，舌头后缩，舌根抬起接近软腭；唇齿音 f 在发音时，上齿与下唇内缘接近，形成窄缝。f 是唇齿音，h 是舌根音，注意发音部位的不同。

h—f 呼 hū—夫 fū　　湖 hú—幅 fú　　琥 hǔ—府 fǔ

6. 区分鼻音 n 与边音 l

鼻音 n 与边音 l 发音部位相同，都是舌尖中音，舌尖抵住上齿龈，形成阻塞。两者发音方法不同，鼻音 n 发音时软腭下垂，口腔封闭，气流从鼻腔出来；边音 l 发音时软腭上升，关闭鼻腔通路，气流从舌头根两颊内侧形成的空隙通过而成声。

n—l 尼 ní—离 lí　　拟 nǐ—理 lǐ　　逆 nì—例 lì

五 声母发音的总体要求

我们对声母的发音提出如下三条要求：

（1）准确。要求严格做到发音部位准确，发音方法准确。

（2）清晰。要求做到有足够的听觉冗余，不会导致误听。

（3）轻巧。要求做到动作轻巧，效率高，口型美观。

拓展训练

1. 加强舌尖力量训练

土堆土豆腿肚子。

要求：一口气说七遍。

2. 舌根音训练

一班有个黄贺，二班有个王克。

黄贺、王克二人搞创作，黄贺搞木刻，王克写诗歌。

黄贺帮助王克写诗歌，王克帮助黄贺搞木刻。

由于二人搞协作，

黄贺完成了木刻，王克写好了诗歌。

3. 双唇力量训练

八百标兵奔北坡，

炮兵并排北边跑，

炮兵怕把标兵碰，

标兵怕碰炮兵炮。

八了百了标了兵了奔了北了坡，炮了兵了并了排了北了边了跑，

炮了兵了怕了把了标了兵了碰，标了兵了怕了碰了炮了兵了炮。

八了个百了个标了个兵了个奔了个北了个坡，炮了个兵了个并了个排了个北了个边了个跑，炮了个兵了个怕了个把了个标了个兵了个碰，标了个兵了个怕了个碰了个炮了个兵了个炮。

要求：每次说两遍。

4. 快速读练不同发音部位的单个字

拍 拔 盆 打 塔 都 通 那 拉 鸟 练 细 纪 万 色 双

飞 水 粉 凤 苏 资 聪 散 诗 初 专 输 益 入 热 软

细 序 下 现 拍 平 盆 普 姑 科 海 航 吃 者 车

5. 唇齿音训练

粉红墙上画凤凰，凤凰画在粉红墙，

红凤凰，粉凤凰，粉红凤凰花凤凰。

任务考核

我们详细讲解了声母的概念、分类方法与具体类别、零声母的概念，以及声母发音的总体要求。请大家课后重点消化声母按照发音部位与克服阻碍的方式如何做进一步的分类，并结合自己的发音实践领会声母发音的总体要求，也就是，力争做到声母发音的准确、清晰、轻巧。

任务 2　声母发音训练考核评分表

评价主体	评价项目与内容	评价分值（分）				
		10	7	5	3	1
学生自评	1. 掌握普通话声母的概念、特点					
	2. 根据声母学习情况，分析自己发音中的具体问题					
	3. 掌握平翘舌及鼻边音等难点音发音要领					
	4. 根据发音部位对声母进行分类					
学生互评	1. 乐于助人，善于团队合作					
	2. 课堂表现积极、乐于语言学习					
	3. 普通话正音效果显著					
教师点评	1. 掌握声母的发音部位及发音方法					
	2. 通过练习掌握声母发音原理					
	3. 认识和修正自身声母发音中的难点音					
总分						

任务 3 韵母发音训练

学习目标

1. 理解普通话韵母的分类及发音方法。
2. 重点掌握物流术语中常用词的普通话韵母的发音方法。
3. 热爱祖国的语言，增强语言规范意识，以说标准的普通话为荣。

知识内容

一 韵母的概念

韵母就是汉语音节中声母后面的部分。要想普通话发音圆润、饱满、悦耳、动听，做好韵母发音训练是关键。普通话有 39 个韵母。韵母主要由元音构成，由韵头、韵腹、韵尾 3 个部分组成。韵母是音节的主要部分，一个音节可以没有声母但绝不能没有韵母。

例如，音节“qiong”中 q 是声母，iong 是韵母。韵头是“i”、韵腹是“o”、韵尾是“ng”。i、o 都是元音，ng 是鼻韵母。

二 韵母的分类

1. 根据韵母的结构分类

根据韵母的结构可以把韵母分为单韵母、复韵母和鼻韵母三类。

（1）单韵母是由一个元音构成的韵母，也叫单元音韵母。普通话中共有 10 个单韵母，都属于单元音。

单韵母有：ɑ、o、e、i、u、ü，-i 前，-i 后，er，ê

（2）复韵母是由两个或三个元音构成的韵母，又叫复元音韵母。这种复合元音并不是两个元音或三个元音的简单相加，而是一种新的固定的音组，从听觉上判断与单韵母有同感。普通话中共有 13 个复韵母。

复韵母：ɑi、ei、ɑo、ou、iɑ、ie、iɑo、iou、uɑ、uo、uɑi、uei、üe

（3）鼻韵母又叫鼻音尾韵母，鼻韵母是由元音加鼻辅音“n”或“ng”做韵尾构成的韵母。以“n”为韵尾的称为前鼻韵母，以“ng”为韵尾的称为后鼻韵母。普通话中共有 16 个鼻韵母。

前鼻韵母 8 个：an、en、in、ün、un、üan、uen、ian

后鼻韵母 8 个：ang、eng、ing、ong、iang、uang、ueng、iong

2. 根据韵母的发音口型分

按发音口型可把韵母分为开口呼、齐齿呼、合口呼和撮口呼四类。

开口呼是指凡是韵头不是 i[i]、u[u]、ü[y] 的韵母，不包括 ong，因为这里元音 o 实际发音为 u。发音时口型张开，因此叫开口呼。普通话中共有 15 个开口呼韵母。

开口呼韵母：-i 前、-i 后、a、o、e、ê、er、ai、ei、ao、ou、an、en、ang、eng

齐齿呼是指韵母 i 或者以 i 开头的韵母。发音时，上下齿几乎是对齐的，因此叫齐齿呼。普通话中有 9 个齐齿呼韵母。

齐齿呼韵母：i、ia、ie、iao、iou、ian、in、iang、ing

合口呼是指韵母 u 或者以 u 开头的韵母。发音时双唇合拢，呈圆形，所以叫合口呼。普通话中有 10 个合口呼韵母。

合口呼韵母：u、ua、uo、uai、uei，uan、uen、uang、ueng、ong

撮口呼是指韵母 ü 或者以 ü 开头的韵母。发音时唇形较圆，撮两唇角即可，因此叫“撮口呼”。

现代汉语中，有 5 个撮口呼韵母，分别是 ü、üe、üan、ün、iong。

3. 普通话韵母分类表

韵母 按口型分 / 按结构分	开口呼	齐齿呼	合口呼	撮口呼
单韵母	-i 前 -i 后	i	u	ü
	a	ia	ua	
	o		uo	
	e			
	ê	ie		üe
	er			
复韵母	ai		uai	
	ei		uei	
	ao	iao		
	ou	iou		

续表

韵母按结构分 \ 按口型分		开口呼	齐齿呼	合口呼	撮口呼
鼻韵母	前鼻韵母	ɑn	iɑn	uɑn	üɑn
		en	in	uen	ün
	后鼻韵母	ɑng	iɑng	uɑng	
		eng	ing	ueng	
				ong	iong

三 韵母的发音技巧

（一）单韵母的发音技巧

单韵母主要依靠口腔的形状、舌位的高低前后、唇形的圆展等因素调节发音。舌头抬高口腔缩窄，舌头降低口腔放宽。嘴唇撮圆前声腔延长，嘴唇平展前声腔缩短。根据发音时舌头的部位及状态可把单韵母分为三类：舌面单韵母、舌尖单韵母和卷舌单韵母。

1. 舌面单韵母

舌位是发音时舌头的高低位置，舌高点就是发音时舌面隆起部分的最高点，也就是接近上颚最近的一点。发音时舌位和上颚的距离小就叫舌位高。口腔开合的程度叫开口度。舌位越高，口腔开口度越小，如 i、u、ü 音；舌位越低，口腔开口度就越大，如 ɑ 音。

舌位的高低以及口腔开口度大小是渐变的，从最高或最闭到最低或最开理论上有无数过渡位置。在实践中我们常常将舌位的高低分为高、半高、半低、低四级。最高点在上颚前部时发出的元音叫前元音，如 i 和 ü。舌高点在上颚后部时发出的元音叫后元音，如 o 和 u。舌高点在中央发出来的元音叫央元音，如 ɑ 和 e。

在相同舌位状态下由于唇形的圆展不同就形成圆唇和展唇两种不同的元音。发音时嘴唇拢圆的叫圆唇元音，如 ü 和 o。发音时两唇舒展，呈扁平形或自然状态的叫展唇元音，如 i 和 ɑ。

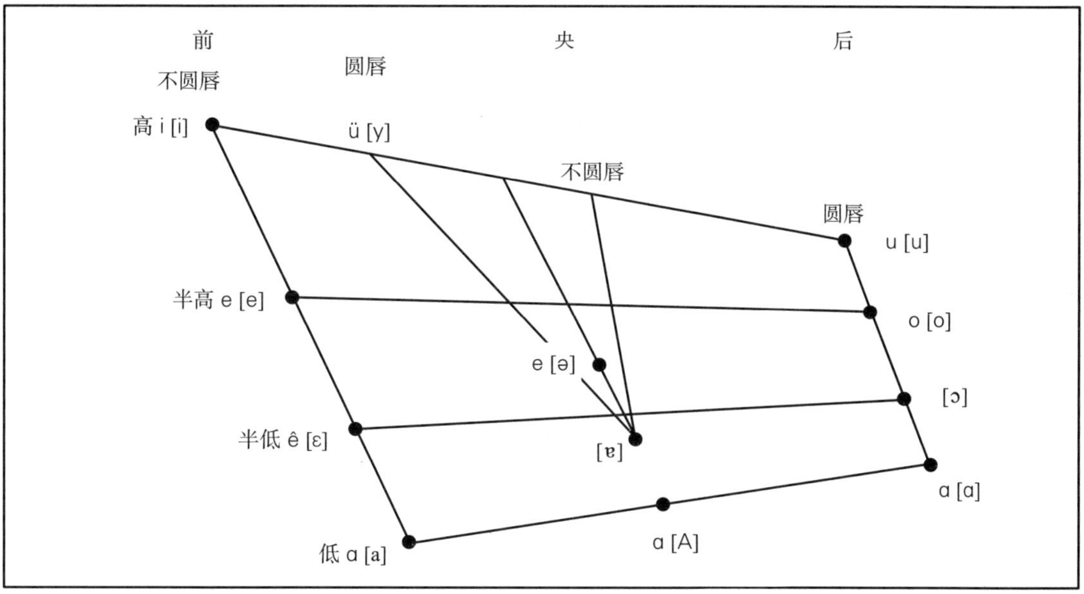

舌面元音舌位唇形图

注：四边形的左边代表口腔的前部，右边代表口腔的后部，前边两点距离宽，后边两点距离窄，说明口腔前部活动范围大。

ɑ 舌面、央、低、不圆唇元音

发音时口大开，舌尖微离下齿背，舌面中部微微隆起和硬腭后面相对，发音时声带振动，软腭上升，关闭鼻腔通道。例如：

叉 chā	达 dá	法 fǎ	踏 tà
沙发 shāfā	发达 fādá	打靶 dǎbǎ	喇叭 lǎba

o 舌面、后、半高、圆唇元音

发音时双唇拢圆，但嘴不要往前噘。舌体后缩，舌面后部隆起和软腭相对，舌位介于半高，发音时声带振动，软腭上升，关闭鼻腔通道。例如：

拨 bō	膜 mó	跛 bǒ	破 pò
磨破 mópò	泼墨 pōmò	伯伯 bóbo	默默 mòmò

e 舌面、前、半高、不圆唇元音

发音时口半闭，展唇，舌尖微离下齿背。舌体后缩，舌面后部隆起和软腭相对，发音时声带振动，软腭上升，关闭鼻腔通道。例如：

车 chē	格 gé	可 kě	特 tè
客车 kèchē	可测 kěcè	苛刻 kēkè	合格 hégé

ê 舌面、前、半低、不圆唇元音

发音时口半开，展唇，舌尖抵住下齿背。舌面前部隆起和硬腭相对，发声时声带振动，软腭上升，关闭鼻腔通道。ê 除语气词“欸”之外不能独立成音节，经常和 i 和 ü 连起来用，发音时也可以把“歇”“约”等字的音拉长，最后保留住发音时的口形、唇形和舌位的状态。例如：

跌 diē	别 bié	且 qiě	月 yuè
姐姐 jiějiě	结业 jiéyè	确切 quèqiè	节约 jiéyuē

i 舌面、前、高、不圆唇元音

发音时口微开。双唇展开，上下齿相对。舌尖接触下齿背，舌面部隆起和硬腭前部相对。发音时声带振动，软腭上升，关闭鼻腔通道。例如：

析 xī	提 tí	底 dǐ	记 jì
西医 xīyī	谜底 mídǐ	立体 lìtǐ	笔记 bǐjì

u 舌面、后、高、圆唇元音

发音时双唇收拢呈圆形，嘴唇略向前噘，舌体后缩，舌面后部隆起和硬腭前部相对。发音时声带振动软腭下降，关闭鼻腔通道。例如：

出 chū	独 dú	储 chǔ	物 wù
出入 chūrù	补助 bǔzhù	数目 shǔmù	物主 wùzhǔ

ü 舌面、前、高、圆唇元音

发音时双唇聚拢，嘴角用力夹紧略向前突，舌尖抵住下齿背，使舌面前部隆起和硬腭相对，发音时声带振动软腭下降，关闭鼻腔通道。例如：

区 qū	局 jú	许 xǔ	具 jù
区域 qūyù	徐步 xúbù	语序 yǔxù	序曲 xùqǔ

2. 舌尖单韵母

舌尖单韵母发音时舌尖起主要作用，普通话中有 2 个舌尖单韵母：-i 前、-i 后，它们不能自成音节。

-i 前舌尖、前、高、展唇

发音时，舌尖前伸接近上齿背，并与上齿背间留下一条窄缝，气流通过时不摩擦，唇形不圆。发音时可把“si”的音拉长，字音后面的部分就是-i。-i 韵母只能与声母 z、c、s 相拼。例如：

司 sī	词 cí	子 zǐ	四 sì
思想 sīxiǎng	此次 cǐcì	私自 sīzì	字词 zìcí

-i 后舌尖、后、高、展唇

发音时，舌尖上翘接近硬腭前部，并与硬腭间留下一条窄缝，气流通过时不摩擦，唇形不圆。发音时可以把“zhi”音拉长，字音后面的部分就是-i。-i 韵母只能与声母 zh、ch、sh、r 相拼。例如：

施 shī	持 chí	只 zhī	日 rì
支持 zhīchí	实施 shíshī	指示 zhǐshì	制式 zhìshì

3. 卷舌单韵母

普通话中，卷舌单韵母只有一个 er，且不跟辅音声母相拼，只能自成音节。

er 卷舌、央、展唇元音

发音时唇形自然打开，舌位居中，舌尖向硬腭卷起，接近硬腭前部但不接触。虽 er 是两个字母，但 r 只表示卷舌动作，不代表音素，所以 er 仍是单韵母。例如：

而 ér	二 èr	耳 ěr	
儿童 értóng	耳朵 ěrduo	女儿 nǚér	二胡 èrhú

（二）复韵母的发音技巧

复韵母是由两个或三个元音复合成的。复韵母发音时舌、唇和整个共鸣器官的形状是逐步变化的，有过渡、有动程，其发音特点有两个：第一，从一个元音的发音状态快速滑向另一个元音，中间有一串过渡音，气流不中断；第二，同一个韵母的几个元音发音时清晰响亮的程度不同。响度大的元音在前的叫前响复韵母；响度大的元音在后的叫后响复韵母；响度大的元音在中间的叫中响复韵母。

1. 前响复韵母

发音时舌位都是由低向高滑动，前面的元音响亮清晰，时间长些；后面的元音轻短模糊，音值不固定。普通话中前响复韵母有 4 个：ai、ao、ei、ou。

ai 发音时舌头前伸，舌尖接触下齿背，口腔打开，从起点的元音 a 开始口腔渐闭，舌位向 i 的方向滑动升高，动程较宽。例如：

材 cái	耐 nài	海 hǎi	改 gǎi
采摘 cǎizhāi	灾害 zāihài	拍卖 pāimài	才来 cáilái

ao 发音时舌尖后缩，舌尖离开下齿背，口腔打开，从起点的元音 a 开始唇形逐渐收拢变圆，舌位向 u 的方向滑动升高，拼写写作 o，实际发音接近 u，动程较宽。例如：

包 bāo	导 dǎo	贸 mào	耗 hào
牢靠 láokào	高效 gāoxiào	早操 zǎocāo	号召 hàozhào

ei 发音时舌头前伸，舌尖接触下齿背，口腔半闭，从起点的元音 e 开始舌位向 i 的方向滑动升高，动程较窄。例如：

配 pèi	类 lèi	委 wěi	费 fèi
配备 pèibèi	肥美 féiměi	北非 běifēi	蓓蕾 bèilěi

ou 发音时舌头后缩，舌尖离开下齿背，口腔半闭，起点音是接近央元音的 [ə]，比单元音 o 略低略前，然后舌位向 u 的方向滑动升高。唇形始终为圆形，只是逐渐收拢变圆。例如：

斗 dòu	购 gòu	后 hòu	投 tóu
收购 shōugòu	兜售 dōushòu	欧洲ōuzhōu	漏斗 lòudǒu

2. 后响复韵母

发音时舌位都是由高向低滑动，后面的元音响亮清晰，前面的元音发音比较短促不太响亮。普通话中后响复韵母有 5 个：ia、ie、ua、uo、üe。

ia 发音时由元音 i 开始，舌位向下向后滑动，口腔渐开，到元音 a 止，动程较宽。例如：

价 jià	辖 xiá	洽 qià	峡 xiá
下架 xiàjià	加价 jiājià	恰恰 qiàqià	假牙 jiǎyá

ie 发音时由元音 i 开始，舌位向下滑动到前半低元音 e 止，舌尖自始至终不离下齿背，动程较窄。例如：

列 liè	节 jié	别 bié	业 yè
结节 jiéjié	铁鞋 tiěxié	趔趄 lièqie	贴切 tiēqiè

ua 发音时由元音 u 开始，舌尖滑到元音 a 止，唇形由圆渐展，动程较宽。例如：

刷 shuā	娃 wá	爪 zhuǎ	挂 guà
刮花 guāhuā	耍滑 shuǎhuá	娃娃 wáwá	画画 huàhuà

uo 发音时由元音 u 开始，舌位向下滑到元音 o 止，舌头始终后缩，唇形始终为圆形，只是口腔开度渐大，动程较窄。例如：

托 tuō	国 guó	躲 duǒ	货 huò
国货 guóhuò	哆嗦 duōsuo	错落 cuòluò	陀螺 tuóluó

üe 发音时由元音 ü 开始，舌位向下滑动到元音 ê 止，舌尖始终与下齿背接触，唇形随着口腔的渐开由圆到展，动程较窄。例如：

虐 nüè	决 jué	略 lüè	雪 xuě
掠夺 lüèduó	雀跃 quèyuè	缺血 quēxuè	绝学 juéxué

3. 中响复韵母

发音时舌位由高向低滑动，再从低向高滑动，前面的元音较短，发音不响亮；中间的元音响亮清晰；后面的元音轻短模糊，音值不固定。普通话中中响复韵母有 4 个：iao、iou、uai、uei。

iao 发音时由元音 i 开始，舌位向后向下滑动到元音 a，接着再向元音 u 滑动升高，舌位先降后升，由前至后，唇形在由 a 升向 u 的过程中逐渐拢圆，曲折幅度大。

例如：

标 biāo	调 tiáo	秒 miǎo	料 liào
逍遥 xiāoyáo	苗条 miáotiáo	吊销 diàoxiāo	巧妙 qiǎomiào

iou 发音时由音 i 开始，央ə拼写写作 o，实际发音更接近 ə 的位置，唇形由展到圆，接着舌位向 u 的方向滑动升高。舌位先降再升，由前至后，唇形到央 ə 时就已拢圆，曲折幅度大。例如：

修 xiū	救 jiù	邮 yóu	纽 niǔ
求救 qiújiù	优秀 yōuxiù	悠久 yōujiǔ	牛油 niúyóu

uai 发音时由音 u 开始，舌位向前向下滑动到 a，唇形由圆渐展，舌尖接触下齿背，接着舌位向 i 的方向滑动升高，口腔渐闭。舌位由高降低再升高，由后向前，唇形

由起点音的圆形到折点音 a 渐展，曲折幅度大。例如：

快 kuài	怀 huái	甩 shuǎi	歪 wāi
摔坏 shuāihuài	外快 wàikuài	怀揣 huáichuāi	拐歪 guǎiwāi

uei 发音时由音 u 开始，舌位向前向下滑动到元音 e，唇形由圆渐展，舌尖接触下齿背，接着舌位向 i 的方向滑动升高，舌位先降后升，由后至前，唇形由起点音的圆形到折点音 e 渐展，曲折幅度大。例如：

垂 chuí	税 shuì	堆 duī	轨 guǐ
退税 tuìshuì	回归 huíguī	追回 zhuīhuí	悔罪 huǐzuì

（三）鼻韵母的发音技巧

鼻韵母在发音时，发音器官由元音的发音状态向鼻音的发音状态逐步变化，软腭小舌下垂，最后完全变成鼻音，其发音特点有两个：第一，由元音开始逐渐向鼻辅音过渡，鼻音色彩逐渐增加，最后发音部位闭塞，形成鼻辅音；第二，鼻辅音韵尾除阻阶段不发音，而是以元音为主，元音清晰响亮，鼻辅音重在做出发音状态，发音不太明显。

1. 前鼻韵母

发音时，整个动作注意力在舌面前部和口腔前部。从外形上看，前鼻韵母发音时上下门齿是闭拢的。

an 发音时，舌尖先抵住下齿背，软腭上升，堵塞鼻腔通道。以元音 a 为起点，舌位逐渐升高，舌面前部贴住硬腭前部，当两者将要接触时软腭下降打开鼻腔通道，发出不除阻的-n。例如：

安 ān	搬 bān	单 dān	散 sàn
散漫 sǎnmàn	展览 zhǎnlǎn	谈判 tánpàn	拌饭 bànfàn

en 发音时，舌尖先抵住下齿背，舌位居中，软腭上升，关闭鼻腔通道。以元音 e 为起点，舌面逐渐升高，舌面前部贴向硬腭前部，当两者将要接触时软腭下降打开鼻腔通道，发出不除阻的-n。例如：

跟 gēn	本 běn	份 fèn	门 mén
门诊 ménzhěn	粉尘 fěnchén	振奋 zhènfèn	认真 rènzhēn

in 发音时，舌尖抵住下齿背，软腭上升，堵塞鼻腔通道。以元音 i 为起点，舌面继续升高，当舌面前部与硬腭的前部将要接触时，软腭下降，打开鼻腔通道，发出不除阻的-n。例如：

宾 bīn	进 jìn	赁 lìn	信 xìn
临近 línjìn	信心 xìnxīn	金银 jīnyín	引进 yǐnjìn

ün 发音时，舌尖先抵住下齿背，软腭上升，堵塞鼻腔通道。以元音 ü 为起点，舌面继续升高，唇形渐渐展开，当舌面前部与硬腭前部将要接触时，软腭下降，打开鼻腔通道，发出不除阻的-n。例如：

均 jūn　　裙 qún　　循 xún　　运 yùn

均匀 jūnyún　　芸芸 yúnyún　　军训 jūnxùn　　逡巡 qūnxún

ian 发音时，从元音 i 开始，舌位向下滑动，口腔渐开，到 ê 的位置时又开始上升，直到舌面前部贴向硬腭前部，舌尖抵住上齿龈形成鼻音 n。例如：

线 xiàn　　变 biàn　　电 diàn　　建 jiàn

垫肩 diànjiān　　便签 biànqiān　　腼腆 miǎntiǎn　　连线 liánxiàn

uan 发音时，从元音 u 开始，舌位向下滑动，唇形渐展开，舌位降到元音 a 的位置时又开始上升，直到舌面前部贴向硬腭前部，舌尖抵住上齿龈形成鼻音 n。例如：

船 chuán　　段 duàn　　关 guān　　算 suàn

传唤 chuánhuàn　　贯穿 guànchuān　　换算 huànsuàn　　专款 zhuānkuǎn

üan 发音时，从元音 ü 开始，舌位向下滑动，唇形渐展开，舌位降到元音 ê 的位置时又开始上升，直到舌面前部贴向硬腭前部，舌尖抵住上齿龈形成鼻音 n。例如：

全 quán　　源 yuán　　选 xuǎn　　卷 juǎn

源泉 yuánquán　　全选 quánxuǎn　　轩辕 xuānyuán　　涓涓 juānjuān

uen 音时，从元音 u 开始，舌位向 e 滑动，唇形渐展，舌尖抵住上齿龈形成鼻音 n。例如：

存 cún　　吨 dūn　　损 sǔn　　问 wèn

春笋 chūnsǔn　　混沌 hùndùn　　温顺 wēnshùn　　论文 lùnwén

2. 后鼻韵母

发音时，整个动作注意力在舌根和口腔后部。从外形上看，后鼻韵母发音时，最后口形微开，上下门齿稍离开一点。

ang 发音时以 a 为起点，口大开，舌头后缩，舌根抬起，当舌根接近软腭时软腭下降，打开鼻腔通道，发出不除阻的-ng。例如：

仓 cāng　　档 dàng　　扛 káng　　商 shāng

沧桑 cāngsāng　　厂房 chǎngfáng　　党章 dǎngzhāng　　当场 dāngchǎng

eng 发音时以 e 为起点，口微开，舌头后缩，舌根抬起靠向软腭，当二者将要接触时，软腭下降，打开鼻腔通道，发出不除阻的-ng。例如：

蹦 bèng　　承 chéng　　生 shēng　　盟 méng

省城 shěngchéng　　冷风 lěngfēng　　猛增 měngzēng　　泵缸 bènggāng

ing 发音时以 i 为起点，紧接着，舌尖立即向后直移，不要降低。舌根靠向软腭，当二者将要接触时，软腭下降，打开鼻腔通道，发出不除阻的-ng。例如：

定 dìng　　经 jīng　　零 líng　　轻 qīng

经营 jīngyíng　　命令 mìnglìng　　清明 qīngmíng　　聆听 língtīng

ong 发音时以 u 为起点，舌头后缩，舌根抬起靠向软腭，当二者将要接触时，软腭下降，打开鼻腔通道，发出不除阻的-ng。例如：

综 zōng　　重 zhòng　　控 kòng　　容 róng

总控 zǒngkòng　　溶洞 róngdòng　　统共 tǒnggòng　　公共 gōnggòng

iang 发音时以 i 为起点，紧接着，舌位向下向后滑动，滑动到元音 a 时再上升，当舌根将要与软腭接触时，软腭下降，打开鼻腔通道，发出不除阻的-ng。例如：

量 liàng　　降 jiàng　　箱 xiāng　　强 qiáng

强项 qiángxiàng　　响亮 xiǎngliàng　　奖项 jiǎngxiàng　　踉跄 liàngqiàng

uang 发音时以 u 为起点，紧接着，舌面向下滑动，唇形渐展。当舌位降到元音 a，然后再向上升。当舌根将要与软腭接触时，软腭下降，打开鼻腔通道，发出不除阻的-ng。例如：

光 guāng　　创 chuàng　　矿 kuàng　　晃 huǎng

矿床 kuàngchuáng　　状况 zhuàngkuàng

双簧 shuānghuáng　　狂妄 kuángwàng

ueng 发音时以 u 为起点，舌头向下滑动，唇形渐展。滑动到元音 e 时再上升，舌根抬起靠向软腭，当二者将要接触时，软腭下降，打开鼻腔通道，发出不除阻的-ng。例如：

翁 wēng　　瓮 wèng　　老翁 lǎowēng

水瓮 shuǐwèng　　嗡嗡 wēngwēng

iong 发音时以 ü 为起点，舌头后缩，舌根抬起靠向软腭，当二者将要接触时，软腭下降，打开鼻腔通道，发出不除阻的-ng。例如：

炯 jiǒng　　雄 xióng　　穷 qióng　　拥 yōng

汹涌 xiōngyǒng　　穷窘 qióngjiǒng　　炯炯 jiǒngjiǒng　　熊熊 xióngxióng

巩固练习

（一）单韵母发音练习

1. 舌面单韵母 a、o、e、i、u、ü

a

发 fā　　达 dá　　查 chá　　拔 bá　　踏 tà　　沙 shā

大陆 dàlù　　发射 fāshè　　拉磨 lāmò　　叉车 chāchē　　巴拿马 bānámǎ

哈巴狗 hǎbagǒu　　啦啦队 lālāduì

茶花发芽 cháhuāfāyá　　大厦倒塌 dàshàdǎotā

o

泼 pō　　佛 fó　　膜 mó　　坡 pō　　播 bō　　墨 mò

伯乐 bólè　　薄膜 báomó　　魄力 pòlì　　佛钵 fóbō

玻璃膜 bōlimó　　泼墨画 pōmòhuà

勃勃生机 bóbóshēngjī　默默奉献 mòmòfèngxiàn

e

车 chē　侧 cè　隔 gé　野 yě　乐 lè　射 shè

彻夜 chèyè　客车 kèchē　色泽 sèzé　特例 tèlì

折射率 zhéshèlǜ　喝可乐 hēkělè　特色菜 tèsècài

各科手册 gèkēshǒucè　渴者易饮 kězhěyìyǐn

i

离 lí　底 dǐ　集 jí　汽 qì　梯 tī　觅 mì

比例 bǐlì　地理 dìlǐ　迷你 mínǐ　逆袭 nìxí

习题集 xítíjí　滴鼻剂 dībíjì　踢皮球 tīpíqiú

激励体系 jīlìtǐxì　地理笔记 dìlǐbǐjì

u

督 dū　服 fú　固 gù　驱 qū　途 tú　苦 kǔ

部属 bùshǔ　出库 chūkù　图谱 túpǔ　奴仆 núpú

不屈服 bùqūfú　去读书 qùdúshū　姑父母 gūfùmǔ

出入平安 chūrùpíngān　殊途同归 shūtútóngguī

ü

驱 qū　举 jǔ　旭 xù　遇 yù　女 nǚ　旅 lǚ

语序 yǔxù　居住 jūzhù　旅居 lǚjū　须臾 xūyú

局域网 júyùwǎng　渔女像 yúnǚxiàng　聚居地 jùjūdì

区域经济 qūyùjīngjì　虚与委蛇 xūyǔwēiyí

2. 舌尖单韵母-i 前，-i 后，

–i 前

瓷 cí　此 cǐ　司 sī　寺 sì　自 zì　咨 zī

自私 zìsī　字词 zìcí　此次 cǐcì　糍粑 cíbā

辞职信 cízhíxìn　自然界 zìránjiè　思想家 sīxiǎngjiā

自动设备 zìdòngshèbèi　孜孜不倦 zīzībújuàn

–i 后

制 zhì　指 zhǐ　市 shì　师 shī　迟 chí　尺 chǐ

知识 zhīshi　纸质 zhǐzhì　市尺 shìchǐ　市值 shìzhí

誓师会 shìshīhuì　指示表 zhǐshìbiǎo　支持者 zhīchízhě

嗤之以鼻 chīzhīyǐbí　踟蹰不前 chíchúbùqián

3. 卷舌单韵母 er，ê

er

耳ěr　二èr　儿ér　而ér　尔ěr　贰èr

儿子érzi　二度èrdù　耳膜ěrmó　贰拾èrshí

（二）复元音韵母

1. 前响复韵母 ai、ao、ei、ou

ai

拜 bài　埋 mái　盖 gài　柴 chái　赛 sài　外 wài

百态 bǎitài　采摘 cǎizhāi　海带 hǎidài　埋汰 máitai

塞外诗 sàiwàishī　拍卖行 pāimàiháng　外在美 wàizàiměi

载歌载舞 zàigēzàiwǔ　骇人听闻 hàiréntīngwén

ao

跑 pǎo　贸 mào　道 dào　闹 nào　靠 kào　勺 sháo

报道 bàodào　稻草 dàocǎo　抛锚 pāomáo　高考 gāokǎo

老毛病 lǎomáobìng　考生号 kǎoshēnghào　烧烤店 shāokǎodiàn

宝刀未老 bǎodāowèilǎo　草草了事 cǎocǎoliǎoshì

ei

备 bèi　配 pèi　煤 méi　类 lèi　黑 hēi　内 nèi

北美 běiměi　配备 pèibèi　蓓蕾 bèilěi　哪类 nǎlèi

内啡肽 nèifēitài　黑煤炭 hēiméitàn　贝雷帽 bèiléimào

非黑即白 fēihēijíbái　美梦成真 měimèngchéngzhēn

ou

剖 pōu　谋 móu　抖 dǒu　楼 lóu　投 tóu　购 gòu

绸缪 chóumóu　漏斗 lòudǒu　头脑 tóunǎo　勾手 gōushǒu

兜兜风 dōudōufēng　佝偻病 gōulóubìng　猴头菇 hóutóugū

抖擞精神 dǒusǒujīngshén　偷偷摸摸 tōutōumōmō

2. 后响复韵母 ia、ie、ua、uo、üe

ia

价 jià　架 jià　恰 qià　虾 xiā　夏 xià　压 yā

加价 jiājià　掐架 qiājià　下架 xiàjià　压价 yājià

压压惊 yāyājīng　下下棋 xiàxiàqí　雅加达 yǎjiādá

家家户户 jiājiāhùhù　下嫁平民 xiàjiàpíngmín

ie

憋 biē　叠 dié　列 liè　灭 miè　聂 niè　且 qiě

姐姐 jiějie　结业 jiéyè　贴切 tiēqiè

歇一歇 xiēyīxiē　贴一贴 tiēyītiē　捏一捏 niēyīniē

跌跌撞撞 diēdiēzhuàngzhuàng　铁血政策 tiěxuèzhèngcè

ua

挂 guà　划 huá　跨 kuà　刷 shuā　瓦 wǎ　抓 zhuā

挂画 guàhuà　耍滑 shuǎhuá　娃娃 wáwa　抓花 zhuāhuā

耍花枪 shuǎhuāqiāng　抓娃娃 zhuāwáwá　刮胡刀 guāhúdāo

花花草草 huāhuācǎocǎo　夸夸其谈 kuākuāqítán

uo

戳 chuō　舵 duò　果 guǒ　货 huò　扩 kuò　挪 nuó

堕落 duòluò　错过 cuòguò　拖货 tuōhuò　硕果 shuòguǒ

做错题 zuòcuòtí　火锅店 huǒguōdiàn　说说话 shuōshuōhuà

错落有致 cuòluòyǒuzhì　蹉跎岁月 cuōtuósuìyuè

e

虐 nüè　靴 xuē　确 què　决 jué　掠 lüè　缺 quē

掠夺 lüèduó　雪花 xuěhuā　确切 quèqiè　绝学 juéxué

疟疾病 nuèjibìng　决胜盘 juéshèngpán　缺勤表 quēqínbiǎo

学习委员 xuéxíwěiyuán　确诊病例 quèzhěnbìnglì

3. 中响复韵母 iao、iou、uai、uei

iao

标 biāo　调 tiáo　尿 niào　秒 miǎo　敲 qiāo　辽 liáo

吊桥 diàoqiáo　疗效 liáoxiào　苗条 miáotiáo　秒表 miǎobiǎo

漂白粉 piǎobáifěn　调料包 tiáoliàobāo　小标题 xiǎobiāotí

聊表心意 liáobiǎoxīnyì　窈窕淑女 yǎotiǎoshūnǚ

iou

修 xiū　酒 jiǔ　油 yóu　留 liú　纽 niǔ　丢 diū

久留 jiǔliú　绣球 xiùqiú　旧友 jiùyǒu　舅舅 jiùjiù

优秀奖 yōuxiùjiǎng　牛油果 niúyóuguǒ　求救号 qiújiùhào

咎由自取 jiùyóuzìqǔ　琉球群岛 liúqiúqúndǎo

uai

拽 zhuài　甩 shuǎi　踹 chuài　怀 huái　块 kuài　拐 guǎi

外快 wàikuài　摔坏 shuāihuài　怀揣 huáichuāi　甩掉 shuǎidiào

外在美 wàizàiměi　快餐店 kuàicāndiàn　槐花开 huáihuākāi

外币兑换 wàibìduìhuàn　乖巧可爱 guāiqiǎokěài

uei

缀 zhuì　罪 zuì　摧 cuī　垂 chuí　亏 kuī　税 shuì

坠毁 zhuìhuǐ　追随 zhuīsuí　垂危 chuíwēi　水位 shuǐwèi

垂坠感 chuízhuìgǎn　退税率 tuìshuìlǜ　吹吹风 chuīchuīfēng

巍峨崔嵬 wēiécuīwéi　吹灰之力 chuīhuīzhīlì

（三）鼻韵母发音练习

1. 前鼻韵母 an、en、in、ian、uan、üan

an

板 bǎn　餐 cān　担 dān　盘 pán　湾 wān　拦 lán

暗淡àndàn　晚安 wǎnān　完满 wánmǎn　拌饭 bànfàn

慢半拍 mànbànpāi　板蓝根 bǎnlángēn　南半球 nánbànqiú

满盘皆输 mǎnpánjiēshū　男单冠军 nándānguànjūn

en

奔 bēn　喷 pēn　认 rèn　趁 chèn　份 fèn　肯 kěn

本分 běnfèn　认真 rènzhēn　沉稳 chénwěn　粉尘 fěnchén

壬辰年 rénchénnián　审问官 shěnwènguān　深圳市 shēnzhènshì

粉身碎骨 fěnshēnsuìgǔ　人文科学 rénwénkēxué

in

宾 bīn　勤 qín　金 jīn　信 xìn　临 lín　您 nín

亲近 qīnjìn　尽心 jìnxīn　近邻 jìnlín　辛勤 xīnqín

新民路 xīnmínlù　临聘工 línpìngōng　贫民窟 pínmínkū

彬彬有礼 bīnbīnyǒulǐ　濒临灭绝 bīnlínmièjué

ian

线 xiàn　便 biàn　典 diǎn　间 jiān　联 lián　免 miǎn

简便 jiǎnbiàn　限电 xiàndiàn　鲜艳 xiānyàn　店面 diànmiàn

电线杆 diànxiàngān　见面会 jiànmiànhuì　变电站 biàndiànzhàn

鲜廉寡耻 xiānliánguǎchǐ　连绵不绝 liánmiánbùjué

uan

船 chuán　端 duān　罐 guàn　窜 cuàn　环 huán　暖 nuǎn

传唤 chuánhuàn　换算 huànsuàn　贯穿 guànchuān　宦官 huànguān

专管会 zhuānguǎnhuì　转换器 zhuǎnhuànqì　软面团 ruǎnmiàntuán

官官相护 guānguānxiānghù　婉转悠扬 wǎnzhuǎnyōuyáng

üan

悬 xuán　选 xuǎn　圆 yuán　卷 juǎn　远 yuǎn　全 quán

渊源 yuānyuán　源泉 yuánquán　全选 quánxuǎn　圆圈 yuánquān

轩辕剑 xuānyuánjiàn　萱草花 xuāncǎohuā　选举权 xuǎnjǔquán

涓涓细流 juānjuānxìliú　全权代理 quánquándàilǐ

2. 后鼻韵母 ang、eng、ing、iang、uang、ong、iong

ang

磅 bàng　仓 cāng　忙 máng　档 dàng　港 gǎng　扛 káng

厂房 chǎngfáng　帮忙 bāngmáng　行当 hángdang　党章 dǎngzhāng
棒棒糖 bàngbàngtáng　防脏垫 fángzāngdiàn　肛肠科 gāngchángkē
榜上有名 bǎngshàngyǒumíng　帮唱嘉宾 bāngchàngjiābīn

eng

坑 kēng　泵 bèng　成 chéng　封 fēng　棱 léng　僧 sēng
增城 zēngchéng　逞能 chěngnéng　奉承 fèngchéng　风能 fēngnéng
风筝线 fēngzhēngxiàn　冷风吹 lěngfēngchuī　生成器 shēngchéngqì
坑蒙拐骗 kēngmēngguǎipiàn　乘风破浪 chéngfēngpòlàng

ing

定 dìng　经 jīng　零 líng　鸣 míng　屏 píng　停 tíng
叮咛 dīngníng　精灵 jīnglíng　领情 lǐngqíng　明镜 míngjìng
定情物 dìngqíngwù　平顶山 píngdǐngshān　情景剧 qíngjǐngjù
经营管理 jīngyíngguǎnlǐ　酩酊大醉 mǐngdǐngdàzuì

iang

粮 liáng　湘 xiāng　项 xiàng　墙 qiáng　枪 qiāng　扬 yáng
亮相 liàngxiàng　响亮 xiǎngliàng　踉跄 liàngqiàng　想象 xiǎngxiàng
襄阳城 xiāngyángchéng　枪声响 qiāngshēngxiǎng　出洋相 chūyángxiàng
两厢情愿 liǎngxiāngqíngyuàn　相向而行 xiāngxiàngérxíng

uang

广 guǎng　晃 huǎng　狂 kuáng　双 shuāng　网 wǎng　双 shuāng
装潢 zhuānghuáng　霜状 shuāngzhuàng　矿床 kuàngchuáng　状况 zhuàngkuàng
双黄线 shuānghuángxiàn　网状物 wǎngzhuàngwù
撞床角 zhuàngchuángjiǎo　狂妄自大 kuángwàngzìdà
双双对对 shuāngshuāngduìduì

ong

丛 cóng　重 zhòng　控 kòng　笼 lóng　融 róng　通 tōng
冲动 chōngdòng　溶洞 róngdòng　通红 tōnghóng　隆冬 lóngdōng
充绒量 chōngróngliàng　公共区 gōnggòngqū
工农商 gōngnóngshāng　从容不迫 cóngróngbúpò
冬虫夏草 dōngchóngxiàcǎo

iong

雄 xióng　窘 jiǒng　琼 qióng　勇 yǒng　炯 jiǒng　兄 xiōng
穷窘 qióngjiǒng　涌动 yǒngdòng　胸膛 xiōngtáng　雄风 xióngfēng
兄弟们 xiōngdìmen　用童工 yòngtónggōng　琼脂粉 qióngzhīfěn
汹涌澎湃 xiōngyǒngpéngpài　穷凶极恶 qióngxiōngjíè

拓展训练

（一）分辨 an、en、in 与 ang、eng、ing

1. 单字训练

an-ang	班 bān-帮 bāng	弹 dàn-糖 táng	敢 gǎn-岗 gǎng	判 pàn-胖 pàng
ang-an	方 fāng-翻 fān	囊 náng-难 nán	赏 shǎng-闪 shǎn	抗 kàng-看 kàn
en-eng	奔 bēn-绷 bēng	沉 chén-乘 chéng	粉 fěn-讽 fěng	渗 shèn-盛 shèng
eng-en	翁 wēng-温 wēn	篷 péng-盆 pén	整 zhěng-诊 zhěn	更 gèng-亘 gèn
in-ing	宾 bīn-冰 bīng	斤 jīn-京 jīng	凛 lǐn-岭 lǐng	沁 qìn-庆 qìng
ing-in	兴 xìng-新 xīn	明 míng-民 mín	颖 yǐng-饮 yǐn	凝 níng-您 nín

2. 词语训练

an-ang	担心 dānxīn-当心 dāngxīn	产房 chǎnfáng-厂房 chǎngfáng
	喊道 hǎndào-航道 hángdào	蛮干 mángàn-盲干 mánggàn
	帆布 fānbù-纺布 fǎngbù	干劲 gànjìn-刚劲 gāngjìng
en-eng	粉刺 fěncì-讽刺 fěngcì	沉重 chénzhòng-承重 chéngzhòng
	门柱 ménzhù-蒙住 méngzhù	伸张 shēnzhāng-生长 shēngzhǎng
	荏苒 rěnrǎn-仍然 réngrán	分化 fēnhuà-风化 fēnghuà
in-ing	凛然 lǐnrán-凌然 língrán	滨城 bīnchéng-冰城 bīngchéng
	临时 línshí-零食 língshí	金鹰 jīnyīng-精英 jīngyīng
	亲信 qīnxìn-轻信 qīngxìn	民生 mínshēng-名声 míngshēng

3. 句子训练

an-ang　这是蚕，那是蝉，蚕常在叶里藏，蝉常在林里唱。

en-eng　真冷、真冷、真正冷。冷冰冰、冰冰冷，人人都说冷。猛的一阵风，更冷。说冷也不冷，人能战胜风，更能战胜冷。

in-ing　京剧叫京剧。警句叫警句。京剧不能叫警句，警句不能叫京剧，更不能叫金剧。

（二）分辨 e、o、uo

1. 词语训练

bo	播报 bōbào	博彩 bócǎi	博大 bódà	伯父 bófù
po	坡度 pōdù	迫害 pòhài	婆家 pójia	破 pò
mo	膜拜 móbài	模范 mófàn	茉莉 mòlì	抹 mǒ
fo	佛教 fójiào	佛家 fójiā	佛法 fófǎ	佛山 fóshān
ge	胳膊 gēbo	格调 gédiào	各级 gèjí	革新 géxīn

ke	课程 kèchéng	可悲 kěbēi	蝌蚪 kēdǒu	客服 kèfú
he	喝茶 hēchá	河道 hédào	合法 héfǎ	何况 hékuàng
e	硬腭 yìngè	额头étóu	恶果èguǒ	饥饿 jīè
uo	陀螺 tuóluó	错落 cuòluò	啰嗦 luōsuo	龌龊 wòchuò

2. 对比训练

泊车 bóchē	佛陀 fótuó	墨色 mòsè	破落 pòluò	莫若 mòruò
摸索 mōsuǒ	婆娑 pósuō	叵测 pǒcè	菠萝 bōluó	剥夺 bōduó

3. 句子训练

e-o　颗颗豆子进石磨，磨成豆浆送哥哥。哥哥说我的生产虽然小，可是小小的生产贡献多。

e-uo　多多和哥哥，坐下分果果，哥哥让多多，多多让哥哥，都说要小个，外婆乐呵呵。

o-uo　打南坡走过来个老婆婆，俩手托着两笸箩。左手托着的笸箩装的是菠萝，右手托着的笸箩装的是萝卜。你说说，是老婆婆左手托着的笸箩装的菠萝多？还是老婆婆右手托着的笸箩装的萝卜多？说的对送给你一笸箩菠萝，说的不对既不给菠萝也不给萝卜，罚你替老婆婆把装菠萝的笸箩和装萝卜的笸箩送到大北坡。

en-eng　陈是陈，程是程。姓陈不能说成姓程，姓程不能说成姓陈。禾木是程，耳东是陈，程陈不分就会认错人。

任务考核

任务 3　韵母发音训练考核评分表

评价主体	评价项目与内容	评价分值（分）				
		10	7	5	3	1
学生自评	1. 掌握普通话韵母的概念、特点					
	2. 根据韵母学习情况，分析自己发音中的具体问题					
	3. 掌握后鼻音及卷舌韵母等难点音发音要领					
	4. 根据发音部位对韵母进行分类					

续表

评价主体	评价项目与内容	评价分值（分）				
		10	7	5	3	1
学生互评	1. 勤学苦练，练习次数达到 5 次及以上					
	2. 积极回答问题，次数达到 1 次及以上					
	3. 普通话正音效果显著					
教师点评	1. 掌握韵母的发音部位及发音方法					
	2. 通过学习，韵母发音缺陷有明显改善					
	3. 认识和修正方音，纠正发音中的难点音					
总分						

任务 4 声调发音训练

学习目标

1. 识记调值、调类并掌握五度标记法。
2. 在物流工作场景中能够准确和熟练地表现物流术语的各种声调。
3. 热爱祖国的语言，增强语言规范意识，以说标准的普通话为荣。

知识内容

一 声调的概念

声调又叫字调，是指音节发音时具有区别意义的高低、升降的变化形式。例如：普通话中 mā、má、mǎ、mà 四个音节，声母韵母完全相同，但意义却完全不同。它们就是依靠声调的不同来区别意义的，因此声调是音节结构中不可缺少的成分。

声调的变化主要取决于音高，而音高取决于单位时间内发音体振动的频率，人们可以通过甲杓肌调节声带的松紧。声带紧、振动频率高、声调高；声带松、振动频率低、声调低。

二 声调的调类和调值

调类就是声调的类别。普通话声调的类别有 4 个，分别是：阴平、阳平、上声、去声，也可以用序数表示：一声、二声、三声、四声。例如：

mā 阴平、一声，má 阳平、二声，mǎ 上声、三声，mà 去声、四声。

调值就是音节高低、升降、曲直、长短的变化形式，也就是声调的实际读法。调值的特点有两个：第一，调值的音高是相对音高不是绝对音高；第二，调值的升降变化是滑动的，中间没有停顿和跳跃。所谓相对音高是指声调音高的判断方法是通过比较同一个人音调上升或下降的幅度。例如一个成年男子比一个成年女子的音调低很多，但在发 mā 时，听上去词义是一样的。

为了把音高变化描述得更加形象易感知，通常采用赵元任先生创制的“五度标记法”，也就是把声调高低分成五度，其中第五度最高，第一度最低。阴平又称一声，调值为 55。阳平又称二声，调值为 35。上声又称三声，调值为 214。去声又称四声，调值为 51。可以这样记忆：一声平、二声扬、三声拐弯、四声降，具体如下图所示。

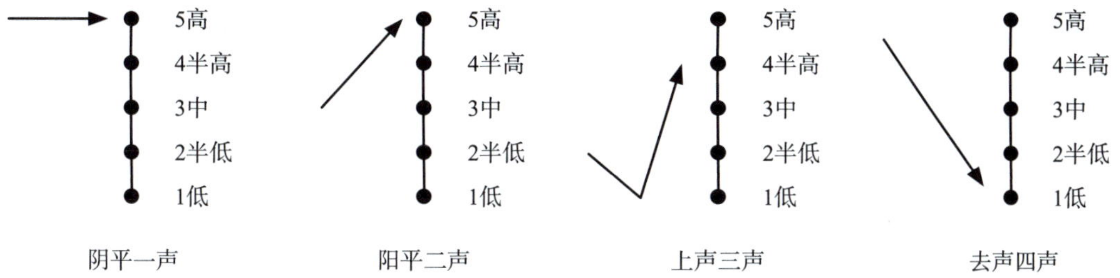

普通话调值标记图

三 声调的发音技巧

1. 阴平发音

调值为 55。发音特点：声音高而平，大体上没有音高升降的变化，声带始终绷紧，保持音高。

例如：

班 bān	仓 cāng	发 fā	堆 duī
冬天 dōngtiān	包装 bāozhuāng	颁发 bānfā	啰唆 luōsuo

2. 阳平发音

调值为 35。发音特点：声音由 3 度快速升到 5 度，声带由不紧不松逐渐绷紧。

例如：

集 jí	国 guó	盘 pán	承 chéng
磐石 pánshí	朝廷 cháotíng	琳琅 línláng	联盟 liánméng

3. 上声发音

调值为 214。发音特点：声音由 2 度快速降到 1 度，再升到 5 度，声带从略松到松弛，继而绷紧。

例如：

保 bǎo	海 hǎi	整 zhěng	网 wǎng
保管 bǎoguǎn	整改 zhěnggǎi	海港 hǎigǎng	往往 wǎngwǎng

4. 去声发音

调值为 51。发音特点：声音由 5 度快速降到 1 度，声带从绷紧有力到完全松弛。

例如：

电 diàn	运 yùn	射 shè	链 liàn
快递 kuàidì	绿色 lǜsè	内陆 nèilù	逆向 nìxiàng

四 声调发音训练

阴-阴

包装 bāozhuāng	叉车 chāchē	通关 tōngguān
跟踪 gēnzōng	交割 jiāogē	加工 jiāgōng

阳-阳

船舶 chuánbó	集成 jíchéng	联合 liánhé
全球 quánqiú	调节 tiáojié	循环 xúnhuán

上-上

保管 bǎoguǎn	整体 zhěngtǐ	管理 guǎnlǐ
导引 dǎoyǐn	保险 bǎoxiǎn	处理 chǔlǐ

去-去

货运 huòyùn	运价 yùnjià	订货 dìnghuò
数据 shùjù	制造 zhìzào	过境 guòjìng

阴-阳

单元 dānyuán	金融 jīnróng	资源 zīyuán
托盘 tuōpán	增值 zēngzhí	标识 biāoshí

阴-上

工厂 gōngchǎng	仓储 cāngchǔ	出口 chūkǒu
堆码 duīmǎ	分拣 fēnjiǎn	中转 zhōngzhuǎn

阴-去

班列 bānliè	仓库 cāngkù	装置 zhuāngzhì
装卸 zhuāngxiè	输送 shūsòng	公共 gōnggòng

阳-阴

维修 wéixiū	航空 hángkōng	集装 jízhuāng
流通 liútōng	提单 tídān	回收 huíshōu

阳-去

承运 chéngyùn	存货 cúnhuò	联运 liányùn
服务 fúwù	国际 guójì	零担 língdàn

上-阴

滚装 gǔnzhuāng	海关 hǎiguān	仿真 fǎngzhēn
整车 zhěngchē	产销 chǎnxiāo	火车 huǒchē

上-阳

码盘 mǎpán	码头 mǎtóu	整合 zhěnghé
冷藏 lěngcáng	准时 zhǔnshí	引航 yǐnháng

上–去

保税 bǎoshuì　铁路 tiělù　检验 jiǎnyàn
口岸 kǒuàn　冷链 lěngliàn　理货 lǐhuò

去–阴

报关 bàoguān　运输 yùnshū　信息 xìnxī
运单 yùndān　挂车 guàchē　外包 wàibāo

去–阳

物流 wùliú　库存 kùcún　库房 kùfáng
射频 shèpín　证明 zhèngmíng　自营 zìyíng

去–上

代理 dàilǐ　电子 diànzǐ　系统 xìtǒng
共享 gòngxiǎng　货场 huòchǎng　物品 wùpǐn

拓展训练

一　词组训练

1. 三字同音

氨基酸 ānjīsuān　欢呼声 huānhūshēng　压缩包 yāsuōbāo
三清山 sānqīngshān　听声音 tīngshēngyīn　新东方 xīndōngfāng
葡萄藤 pútaoténg　难为情 nánwéiqíng　形容词 xíngróngcí
尼罗河 níluóhé　人民桥 rénmínqiáo　文言文 wényánwén
胆小鬼 dǎnxiǎoguǐ　展览馆 zhǎnlǎnguǎn　采访者 cǎifǎngzhě
好产品 hǎochǎnpǐn　小老鼠 xiǎolǎoshǔ　体检表 tǐjiǎnbiǎo
氯化钠 lǜhuànà　放射性 fàngshèxìng　注射液 zhùshèyè
见面会 jiànmiànhuì　限制令 xiànzhìlìng　报告会 bàogàohuì

2. 三字词异调

牵引车 qiānyǐnchē　升降台 shēngjiàngtái　收货人 shōuhuòrén
航空港 hángkōnggǎng　调节板 tiáojiébǎn　集装箱 jízhuāngxiāng
海外仓 hǎiwàicāng　组配货 zǔpèihuò　一体化 yìtǐhuà
自备箱 zìbèixiāng　销售部 xiāoshòubù　供应链 gōngyìngliàn

3. 四字词同调

春天花开 chūntiān-huākāi　高空飞机 gāokōng-fēijī

声东击西 shēngdōng-jīxī
文如其人 wénrú-qírén
名存实亡 míngcún-shíwáng
岂有此理 qǐyǒu-cǐlǐ
懵懵懂懂 měngměng-dǒngdǒng
面面俱到 miànmiàn-jùdào
跃跃欲试 yuèyuè-yùshì
东郭先生 dōngguō-xiānshēng
洁白无瑕 jiébái-wúxiá
亭台楼阁 tíngtái-lóugé
有板有眼 yǒubǎn-yǒuyǎn
就事论事 jiùshì-lùnshì
信誓旦旦 xìnshì-dàndàn

4. 四字词四声顺序变化

瓜田李下 guātián-lǐxià
千奇百怪 qiānqí-bǎiguài
千锤百炼 qiānchuí-bǎiliàn
虚情假意 xūqíng-jiǎyì
视死如归 shìsǐ-rúguī
驷马难追 sìmǎ-nánzhuī
异曲同工 yìqǔ-tónggōng
墨守成规 mòshǒu-chéngguī
山明水秀 shānmíng-shuǐxiù
精诚所至 jīngchéng-suǒzhì
鞍前马后ānqián-mǎhòu
光明磊落 guāngmíng-lěiluò
四海为家 sìhǎi-wéijiā
暮鼓晨钟 mùgǔ-chénzhōng
笑口常开 xiàokǒu-chángkāi
弄巧成拙 nòngqiǎo-chéngzhuō

5. 四字词四声交错

军事物流 jūnshì-wùliú
来料加工 láiliào-jiāgōng
流通加工 liútōng-jiāgōng
保税港区 bǎoshuì-gǎngqū
驮背运输 tuóbèi-yùnshū
交通枢纽 jiāotōng-shūniǔ
中欧班列 zhōngōu-bānliè
延迟策略 yánchí-cèlüè
共享库存 gòngxiǎng-kùcún
跨境运输 kuàjìng-yùnshū
立体仓库 lìtǐ-cāngkù
绿色物流 lǜsè-wùliú
包装模数 bāozhuāng-móshù
通运货物 tōngyùn-huòwù
自由贸易 zìyóu-màoyì
厢式货车 xiāngshì-huòchē
直达运输 zhídá-yùnshū
配送中心 pèisòng-zhōngxīn

二 对比训练

接管 jiēguǎn
结关 jiéguān
进口 jìnkǒu
紧扣 jǐnkòu
清关 qīngguān
氢罐 qīngguàn
供应 gōngyìng
共赢 gòngyíng
区域 qūyù
趋于 qūyú
冷链 lěngliàn
冷脸 lěngliǎn
定位 dìngwèi
定为 dìngwéi
园区 yuánqū
远去 yuǎnqù

三 句子训练

士是士，师是师，史是史，士不是师，师不是史，史不是士。

李莉要用梨换栗，黎里要用栗换梨，不知是李莉的梨换了黎里的栗，还是黎里的栗换了李莉的梨。

牧童磨墨，墨抹牧童一目墨。小猫摸煤，煤飞小猫一毛煤。

梁木匠，梁瓦匠，两梁有事齐商量。
梁木匠天亮晾衣裳，梁瓦匠天亮量高粱。
梁木匠晾衣裳受了凉，梁瓦匠量高粱少了粮。
梁瓦匠思量梁木匠受了凉，梁木匠体谅梁瓦匠少了粮。

任务考核

任务 4　声调发音训练考核评分表

评价主体	评价项目与内容	评价分值（分）				
		10	7	5	3	1
学生自评	1. 掌握普通话声调的概念、特点					
	2. 根据声调学习情况，分析自己发音中的具体问题					
	3. 掌握四种声调的发音要领，发声调值准确					
	4. 能分辨普通话中不同声调调值					
学生互评	1. 勤学苦练，练习次数达到 5 次及以上					
	2. 积极回答问题，次数达到 1 次及以上					
	3. 普通话正音效果显著					
教师点评	1. 掌握四种声调的发音方法					
	2. 通过学习，语音中声调发音缺陷有明显改善					
	3. 认识和修正方音，纠正发音中的难点音					
总分						

任务5 音节发音训练

学习目标

1. 掌握声母、韵母、声调的标准读音。
2. 在读词语、句子、篇章中发准单个音节的声、韵、调。
3. 掌握合适的语速，从容地读出每个字词，说标准的普通话。

知识内容

一 音节的结构

音节是听觉上能够自然辨别出来的最小语音单位，由一个或几个音素组成。在普通话里，一般一个汉字读出来就是一个音节（儿化韵除外），普通话的音节一般由声母、韵母和声调三个部分构成。

从普通话音节结构表中可以看出，普通话音节有以下主要特点：

（1）普通话音节可分为辅音声母音节和零声母音节两大类。

（2）一个音节最多四个音素，最少一个音素。

（3）普通话音节可以没有声母、韵头和韵尾，但必须有韵腹和声调。

（4）韵头又称介音，只能由 i、u、ü 充当，韵腹由元音充当，韵尾有元音 i、u（o）和辅音 n、ng。

二 音节的拼合

普通话声母、韵母的拼合有很强的规律性，掌握了普通话声母、韵母的拼合规律，可以更清楚地认识普通话的语音系统，避免拼音和拼写时出现差错，对学习普通话有很大帮助。

普通话声母和韵母的配合至少有以下几条规律：

（1）能同开口呼韵母配合的声母最多，只有 j、q、x 不能配合。

（2）能同撮口呼韵母配合的声母最少，只有 j、q、x 和 n，以及零声母能配合。

（3）只有 n、l 和零声母能同四呼韵母都配合。

（4）g、k、h，zh、ch、sh、r，z、c、s 只能同开口呼和合口呼韵母配合，不能同齐齿呼和撮口呼韵母配合。

（5）j、q、x 恰恰相反，只能同齐齿呼和撮口呼韵母配合，不能同开口呼和合口呼韵母配合。

（6）b、p、m、f 虽然可以同合口呼韵母配合，但只限于单韵母 u。

上面简要地说明了普通话声母、韵母的配合规律，普通话 22 个声母和 39 个韵母按照配合规律，可以拼出 400 多个基本音节来。

三 音节的拼读

拼读就是按照普通话音节的构成规律，把声母、韵母拼合并加上声调而成为一个音节。要使音节拼合得正确，要注意以下几点。

1. 声母要用本音

辅音的发音不响亮。在声母表中规定声母的后头带着一个元音，如 n 念成 ne（讷），称作“呼读音”。平常念声母，一般是念它的呼读音。用声母拼音时，应该去掉元音，用它的本音（纯粹音）。例如 nǐ（你）用 n 的呼读音与 i 拼就成了 nei 了，因此要去掉“ne”中的“e”。前音（声母）要念得轻而短，使它接近本音，后音（韵母）重念，发音要响亮。还可以在拼音时发音器官先做好发某个声母的姿势，然后在发这个声母本音的同时把要相拼的韵母一起念出来。例如拼 zhāng（张）时，先使舌尖翘起同硬腭前部接触，作发 zh 的姿势，在发 zh 本音的同时，气流冲破阻碍连 ang 一起念出来。

2. 韵母要念准

韵母中的复韵母和鼻韵母，是由两个或三个音素构成的，所以必须把它们读成一个整体。要求一看到一个韵母，就能像单韵母那样熟练、准确地念出。否则在拼音时，临时进行音素拼合，会增加拼读的困难，并有可能丢失韵母的内部成分。对于有韵头的韵母，如果念不准韵头，就可能出现添韵头或者改变韵头的现象。例如，luàn（乱）拼成 làn（滥）。

3. 声韵之间不要有停顿

拼音时声母和韵母之间要连续快读，一气拼成，不能停顿。

例如：拼 gǔ（谷）时，如果 g 和 u 之间有了停顿，就会拼成 g（ē）→ǔ（歌舞）。

4. 声调要熟练

要把四个声调的调值念熟、记牢，像乐谱一样印在脑子里，拼读音节时，初学阶段可用数调法，即依阴平、阳平、上声、去声顺序数下去。熟练以后就可使用韵母定调法，即用声母直接和带调的韵母相拼，如 b→ǎ→bǎ（把）。

（1）声韵两拼法。声韵两拼法就是把音节分为声母、韵母两个部分进行拼读的方法。例如：

光 g→uāng→guāng　　　　磊 l-ěi→lěi

（2）三拼法。三拼法就是把音节分成声母、韵头、韵身（包括韵腹和韵尾）三部分进行连读的方法，这种方法只适用于有韵头的音节。例如：

加 j→i→ā→jiā　　　　锻 d→u-àn→duàn

四 音节的拼写

1. y、w 的用法

使用 y、w，主要是为了隔音，分清音节的界线。例如把“如意”二字连写成 rui，就会以为是一个音节（瑞）。用了 y，写成“ruyi”，音节的界线就分明了。y、w 的使用规则有以下几个。

（1）i 开头的韵母。在零声母音节中，如果 i 的后面有其他元音，改 i 为 y；i 的后面没有其他元音，i 前加 y。

改 i 为 y：

牙 ia→yá　　野 ie→yě　　腰 iao→yāo　　优 iou→yōu

烟 ian→yān　　央 iang→yāng　　雍 iong→yōng

i 前加 y：

衣 i→yī　　因 in→yīn　　英 ing→yīng

（2）u 开头的韵母。在零声母音节中，如果 u 的后面有其他元音，改 u 为 w；u 的后面没有其他元音，u 前加 w。

改 u 为 w：

蛙 ua→wā　　窝 uo→wō　　歪 uai→wāi　　威 uei→wēi

弯 uan→wān　　温 uen→wēn　　汪 uang→wāng　　翁 ueng→wēng

u 前加 w：　　乌 u→wu

（3）ü 开头的韵母。在零声母音节中，也要用 y 开头。与 i 行韵母不同的是，不论 ü 后面有没有其他元音，一律要在 ü 前面加 y。加 y 后，ü 上两点要省去。例如：

迂 ü→yū　　约 üe→yuē　　冤 üan→yuān　　晕 ün→yùn

2. 隔音符号的用法

a、o、e 开头的音节，连接在其他音节后面，如果音节的界限发生混淆，就用隔音符号“’”隔开。例如：

西安 Xī'ān　　偶尔 ǒu'ěr　　金瓯 jīn'ōu　　名额 míng'é

有些 a、o、e 开头的音节，虽然不会和前面音节的界限发生混淆，但为了拼读方便，也可以加用隔音符号。例如：

草案 cǎo'àn　　骄傲 jiāo'ào　　木偶 mù'ǒu　　超额 chāo'é

3. 省写

（1）ü 上两点的省略。ü 行的韵母跟声母 j、q、x 相拼时，为书写便利，ü 上的两点省略。例如：

居 jū　　区 qū　　虚 xū　　蹶 jué　　圈 quān　　捐 juān

缺 quē　　靴 xuē　　群 qún　　勋 xūn　　宣 xuān　　军 jūn

ü 行的韵母跟声母 n、l 拼的时候，ü 上的两点不能省略，因 n、l 也同 u 相拼。例如：

绿 lǜ——路lū　　女 nǚ——努 nǔ

（2）iou、uei、uen 的省写式。iou、uei、uen 前面加声母的时候，中间的 o、e 省写，写成 iu、ui、un。例如，niu（牛）、gui（归）、lun（论）。这样做可缩短拼式，又反映语音实际（与声母相拼后，这三个韵母中间的元音弱化）。

（3）标调法。声调符号标在音节的主要元音上。例如：

妈 mā（阴平）　　麻 má（阳平）　　马 mǎ（上声）　　骂 mà（去声）

为准确标注调号，可熟记以下口诀：a、o、e、i、u、ü 标调依然按顺序，iu 并列标后面，i 上标调点抹去。此外，音变词语一般标原调，不标变调。轻声不标调。例如：

野马 yěmǎ（上声）　　一个 yīgè（“一”音变）　　吗 ma（轻声）

（4）音节连写。

①同一个词的音节要连写，词与词分写。句子或诗行开头的字母要大写。例如：

为人民服务 Wèirénmínfúwù

②专用名词和专用短语中的每个词开头字母要大写。例如：

北京 Běijīng　　邓丽 DèngLì

吴玉英 WúYùyīng　　光明日报 GuāngmíngRìbào

③标题可以全部大写，也可以每个词开头的字母大写，有时为了简明美观，可以省略声调符号。例如：

解放思想　JIEFANGSIXIANG　JiefangSixiang

实事求是　SHISHIQIUSHI　Shishi-qiushi

请讲普通话　QINGJIANGPUTONGHUA　QingJiangPutonghua

（5）短横的用法。短横“-”是连接号，表示词语之间的连接关系。例如：

环保（环境保护）　　huán-bǎo

语重心长　　yǔzhòng-xīncháng

有的是用于书写或排印上的转行，放在每行的末尾，表示音节和音节的衔接。转行时要注意，不要把一个音节拆开。

五 音节发音训练

1. 拼读音节及词句

（1）chéng、shùn、lüè、nài、jiǎo、dú

（2）dǎpò、kāihuì、yuánliàng、wǎnyuē、péngyou

huánghé、guīhuán、wāiqū、pí'ǎo、zhāngyáng

（3）tāshìdàdìdenǚ'ér.

wǒmenguòzhexìngfúdeshēnghuó.

aìguóyīnggāicóngàiwǒmendeyǔyánzuòqǐ!

2. 根据普通话声韵配合规律更正下列音节

（1）家 ja（　　）	风 fong（　　）	杯 bui（　　）
（2）哥 go（　　）	泼 pe（　　）	翁 ong（　　）
（3）差 qai（　　）	今 gin（　　）	真 jen（　　）
（4）巧 kiao（　　）	多 do（　　）	稍 xao（　　）

3. 下列各词的拼写不符合拼写规则，请把它们改正过来

越野 üèiě	晚安 uǎnān	威严 uēián
音韵 inǜn	研究 iánjiōu	抑扬 iyiáng
论文 luènuén	语言 ǚián	飞跃 fēiüè
缺额 qüē'é	圆球 üánqióu	规律 guēilù
慰问 wuiuèn	谬误 miòuù	水源 shuěiüán
要求 iāoqióu	银耳 íněr	永远 yiǒngyüǎn

4. 选出拼写形式正确的一组

柏林	①Bolin	②báilin	③Boling	④bólin
西安	①xiān	②xiāng	③xī'āng	④Xī'ān
多么	①duōmō	②dōmō	③duōme	④duōmo
别扭	①bièniǔ	②bièniu	③biéniú	④biéliu
合适	①hóshì	②hósí	③héshí	④héshì
污染	①wūrǎn	②wūyǎn	③ürǎn	④wūrǎng

5. 认读语段

① wǒ ài yuè yè, dàn wǒ yě ài xīng tiān. cóng qián zài jiā xiāng qī bā yuè de yè wǎn, zài tíng yuàn lǐ nà liáng de shí hou, wǒ zuì ài kàn tiān shàng mì mì má má de fán xīng. wàng zhe xīng tiān wǒ jiù huì wàng jì yī qiè, fǎng fú huí dào le mǔ qīn de huái lǐ shì de.

②hū rán, xiǎo niǎo zhāng kāi chì bǎng, zài rén men tóu dǐng pán xuán le jǐ quānr, “pūlā” yī shēng luò dào le chuán shàng. xǔ shì lèi le? hái shì fā xiàn le “xīndàlù”? shuǐ shǒu niǎn tā, tā bù zǒu, zhuā tā, tā guāi guāi de luò zài zhǎng xīn. kě ài de xiào niǎo hé shàn liáng de shuǐ shǒu jié chéng le péng you.

巩固练习

一 拼读物流行业双音节词语

物品 wùpǐn	货物 huòwù	物流 wùliú	运输 yùnshū
储存 chǔcún	装卸 zhuāngxiè	搬运 bānyùn	包装 bāozhuāng
流通 liútōng	加工 jiāgōng	配送 pèisòng	分类 fēnlèi
拣选 jiǎnxuǎn	集货 jíhuò	包装 bāozhuāng	组配 zǔpèi
计划 jìhuà	组织 zǔzhī	协调 xiétiáo	控制 kòngzhì
整体 zhěngtǐ	目标 mùbiāo	出发 chūfā	采购 cǎigòu
生产 shēngchǎn	销售 xiāoshòu	环节 huánjié	商流 shāngliú
进行 jìnxíng	统一 tǒngyī	活动 huódòng	过程 guòchéng
面向 miànxiàng	客户 kèhù	业务 yèwù	应用 yìngyòng
现代 xiàndài	技术 jìshù	手段 shǒuduàn	整合 zhěnghé
优化 yōuhuà	形成 xíngchéng	共享 gòngxiǎng	开放 kāifàng
协同 xiétóng	特征 tèzhēng	具有 jùyǒu	承担 chéngdān
功能 gōngnéng	配套 pèitào	要求 yāoqiú	供需 gōngxū
业务 yèwù	模式 móshì	围绕 wéirào	核心 héxīn
企业 qǐyè	产品 chǎnpǐn	服务 fúwù	涉及 shèjí
通过 tōngguò	交通 jiāotōng	运输 yùnshū	线路 xiànlù
连接 liánjiē	分布 fēnbù	一定 yīdìng	区域 qūyù
不同 bùtóng	形成 xíngchéng	系统 xìtǒng	具有 jùyǒu
完善 wánshàn	便捷 biànjié	连接 liánjiē	外部 wàibù
健全 jiànquán	集聚 jíjù	辐射 fúshè	范围 fànwéi
存储 cúnchǔ	吞吐 tūntǔ	能力 nénglì	公共 gōnggòng
场所 chǎngsuǒ	完善 wánshàn	配送 pèisòng	便捷 biànjié
对外 duìwài	末端 mòduān	提供 tígōng	具有 jùyǒu

完善 wánshàn　中转 zhōngzhuǎn　功能 gōngnéng　齐全 qíquán
范围 fànwéi　下游 xiàyóu　政府 zhèngfǔ　规划 guīhuà
设立 shèlì　配套 pèitào　多种 duōzhǒng　集散 jísàn
分拨 fēnbō　区域 qūyù　具备 jùbèi　运作 yùnzuò
适应 shìyìng　实行 shíxíng　转运 zhuǎnyùn

二　三音节词语

多批次 duōpīcì　原材料 yuáncáiliào　供应商 gōngyìngshāng
制造商 zhìzàoshāng　资金流 zījīnliú　多功能 duōgōngnéng
信息流 xìnxīliú　供应链 gōngyìngliàn　全过程 quánguòchéng
相适应 xiāngshìyìng　短距离 duǎnjùlí　大规模 dàguīmó

三　多音节词语

物流企业 wùliú-qǐyè　物流服务 wùliú-fúwù
物流管理 wùliú-guǎnlǐ　信息处理 xìnxī-chǔlǐ
经济活动 jīngjì-huódòng　基础设施 jīchǔ-shèshī
物流场所 wùliú-chǎngsuǒ　物流网络 wùliú-wǎngluò
物流中心 wùliú-zhōngxīn　物流设施 wùliú-shèshī
配送中心 pèisòng-zhōngxīn　信息网络 xìnxī-wǎngluò
独立核算 dúlì-hésuàn　民事责任 mínshì-zérèn

四　朗读物流专业短句

1. 根据实际需要将运输、储存、装卸、搬运、包装、流通加工、配送、信息处理等基本功能实施有机结合，使物品从供应地向接收地进行实体流动的过程。

2. 根据客户要求，对物品进行分类、拣选、集货、包装、组配等作业，并按时送达指定地点的物流活动。

3. 面向客户上下游业务，应用现代管理和技术手段对其商流、物流、信息流和资金流进行整合和优化形成以共享、开放、协同等为特征，为客户创造价值的经济活动。

4. 由政府规划并由统一主体管理，为众多企业在此设立配送中心或区域配送中心等，提供专业化物流基础设施和公共服务的物流产业集聚区。

5. 从事物流基本功能范围内的物流业务设计及系统运作，具有与自身业务相适应的信息管理系统，实行独立核算、独立承担民事责任的经济组织。

拓展训练

在取派件的情景下完成以下普通话对话。

◆ 情景 1：取件前与客户电话沟通

收派员：您好！x 先生（女士），我是 xx 快递公司的收派员 xxx，您有货物需要我们公司代为发送是吗？我想和您核实一下取货地点和取货时间。

x 先生（女士）：已经准备好了，你直接过来吧，地址是……

收派员：好的，地址我已经记清楚了（详细地址记录在笔记本上，方便下次查阅和使用）。我这边还有几个快件需要派送，大约 x 分钟后去取货，您看可以吗？

x 先生（女士）：好的，到了直接到 xx 找我就可以了。

◆ 情景 2：包装不合理及到付款确认

收派员：对不起！x 先生（女士），您所包装的货物不符合快递运输的要求。为了货物的安全，我可以和您一起运用您手中的 xx 材料将货物合理包装；若您手中没有包装材料，我也能给您提供包装服务，但您需要对包装材料付费。

x 先生（女士）：那你给我包装一下吧。

收派员：x 先生（女士），这票货物是您付款还是收件人付款？

x 先生（女士）：由收件人付款。

收派员：事先您和他/她联系确认过吗？

x 先生（女士）：那没有。

收派员：x 先生（女士），是这样的，如果这票货物到达目的地后，收方拒绝支付运费，会为您和我们都带来一定的不便，由于我们多次重复派送所产生的费用也会由您来承担。

x 先生（女士）：好的，我确认一下吧。

……

x 先生（女士）：已经确认完了，由收件人付款。

收派员：好的。

◆ 情景 3：提醒客户投保

收派员：x 先生（女士），您要运送的货物价值多少钱？我们运单有一项内容是您委托我们运送货物的声明价值。

x 先生（女士）：价值 xxx 元。

收派员：x 先生（女士），现在我们公司提供货物的保险，为了保障您的利益，我建议您为您的货物上份保险。况且保险费率才千分之 x，买保险就是规避风险，买了放心。

x 先生（女士）：我相信你们 xx 快递公司，一直在你们公司走货，也没有出什么问题。

收派员：是这样的，我们可以承诺我们内部操作环节不出问题，可是不能保证货物在任何环节都不出异常，比如货物在航空/铁路运输过程中出现破损或者其他异常情况。因为如果出现问题，根据《中华人民共和国邮政法》是按照每千克 20 元的标准进行赔付的。

x 先生（女士）：那好吧，就投保吧！

任务考核

任务 5　音节发音训练考核评分表

评价主体	评价项目与内容	评价分值（分）				
		10	7	5	3	1
学生自评	1. 声母发音正确					
	2. 韵母发音正确					
	3. 声调发音正确					
	4. 语速合适					
学生互评	1. 乐于助人，善于团队合作					
	2. 课堂表现积极、乐于语言学习					
	3. 普通话正音效果显著					
教师点评	1. 普通话声母、韵母、声调准确					
	2. 普通话重音、停顿、语调规范					
	3. 快递专业术语表达规范，使用正确					
总分						

任务 6　音变发音训练

学习目标

1. 掌握轻声词的判定，按词连读，不要按字分读。
2. 掌握儿化词语的朗读，注意辨别多音字、形近字或异读词的读音。
3. 注意认清词语，掌握词语连读中的变调。

知识内容

音变包括轻声、“儿化”、语气词“啊”的音变和变调。

由于邻近音节声调的影响，有些音节的声调往往要发生变化，这种声调变化现象叫变调。普通话里明显的变调现象主要有上声的变调、“一”“不”的变调等。

一　变调

1. 上声的变调

普通话上声只有在单念或处在词语、句子的末尾时才有可能读原调，在阴平、阳平、上声和去声前都会产生变调，其变调规律如下。

（1）上声在非上声（阴平、阳平、去声、轻声，前读半上，调值由 214 变为 211。例如：

上声・阴平	草屋 cǎowū	港湾 gǎngwān	好心 hǎoxīn
上声・阳平	把持 bǎchí	抚摩 fǔmó	品尝 pǐncháng
上声・去声	喘气 chuǎnqì	鼎盛 dǐngshèng	水位 shuǐwèi
上声・轻声	尾巴 wěiba	点心 diǎnxin	老实 lǎoshi

（2）两个上声相连，前一个上声的调值变为 35。例如：

上声・上声	把守 bǎshǒu	缓解 huǎnjiě	取暖 qǔnuǎn

2. “一”“不”的变调

“一”的单字调是阴平 55，当它单念，或表序数，或处于词句尾时不变调，例如：一、二、三、第一名、万一、统一、始终如一、十一位、五一、百里挑一、九九归一等。其他情况下“一”都要变调。

“不”的单字调是去声 51，当它单念，或处于词句末尾，或在非去声（阴平、阳平、上声）前时不变调，其他情况下（主要指“不”在去声前）要变调。

（1）“一”“不”在去声前读阳平，调值变为 35。例如：

一·去声	一半 yíbàn	一道 yídào	一律 yílǜ
不·去声	不必 búbì	不但 búdàn	不错 búcuò

（2）“一”在非去声前读去声，调值变为 51。例如：

一·阴平	一般 yìbān	一朝 yìzhāo	一些 yìxiē
一·阳平	一齐 yìqí	一旁 yìpáng	一同 yìtóng
一·上声	一举 yìjǔ	一手 yìshǒu	一体 yìtǐ

（3）当“一”夹在重叠动词之间，“不”夹在动词或形容词之间以及动词和补语之间时轻读，属于“次轻音”，声调仍依稀可见；如果“一”“不”音量稍有加强，就依后一个音节产生变调，变调规律如前，例如：

听一（yì）听	学一（yì）学	写一（yì）写
看一（yí）看	会不（bú）会	拿不（bú）动

3. 形容词 AA 儿的变调

单音节形容词重叠并加上“儿尾”，读作“儿化韵”时，重叠的第二个音节一般变为阴平调。例如：

好好儿 hǎohāor（de）	早早儿 zǎozāor（de）	满满儿 mǎnmānr（de）

二 轻声

1. 轻声的性质

普通话的每一个音节都有它的声调，但是在词和句子里，很多音节常常失去原有的声调，念成一个既轻又短的调子，这就是轻声。普通话的轻声都是从阴平、阳平、上声、去声四个声调变化而来的，例如：叔叔、伯伯、姐姐、弟弟。轻声是一种特殊的变调现象，它的调值由前一个音节声调的调值决定，与该音节的原调调值无关。轻声音节的能量较弱，是音高、音长、音色和音强综合变化的效应，其中音高和音长在轻声音节的辨别中所起的作用较大，二者构成轻声音节的主要特性。从音高上看，轻声音节失去原有的声调调值，变为轻声音节特有的音高形式，构成轻声调值。从音长上看，轻声音节一般短于正常重读音节的长度，甚至大大缩短。尽管轻声音节音长短，但它的调形仍然可以分辨，并在辨别时起着不可忽视的作用。

在阴平、阳平、去声后，轻声音节的调形是短促的低降调，调值为 31。例如：

阴平·轻声	包袱 bāofu	差事 chāishi	耽搁 dānge

阳平·轻声	柴火 cháihuo	麻烦 máfan	行当 hángdang
上声·轻声	扁担 biǎndan	打量 dǎliang	本事 běnshi
去声·轻声	部分 bùfen	凑合 còuhe	豆腐 dòufu

2. 轻声词

轻声是普通话语音的一个重要特点。有的轻声具有区别词义和词性的作用，如“兄弟”，读 xiōngdì，指哥哥和弟弟，读 xiōngdi，仅指弟弟；“对头”读 duìtóu 是形容词，表示正确、合适的意思，读 duìtou 是名词，表示仇敌、对手的意思，但是像“明白”míngbai 这样的词读不读轻声并不具备区别词义和词性的作用，可是在普通话中它必须读轻声，因此从根本上说轻声这一语音现象是普通话的一个重要语音特色。

轻声音节不会出现在一个词语的开头，总是出现在其他音节的后面。一般来说，新词、科学术语没有轻声音节，绝大多数的轻声表现在一部分老资格的口语双音节词中。下面一些成分，在普通话中通常读轻声。

（1）助词“的、地、得、着、了、过”。例如：

红红的（de）	慢慢地（de）	说得（de）对
站着（zhe）	开了（le）	听过（guo）

（2）语气词“吧、嘛、呢、啊”等。例如：

快写吧（ba）	做得好嘛（ma）	人呢（ne）	开始唱啊（nga）

（3）叠音词和动词重叠形式后头的字。例如：

爸爸 bàba	猩猩 xīngxing	歇歇 xiēxie

（4）构词用的虚语素“子、头”和表示多数的“们”。例如：

笼子 lóngzi	木头 mùtou	我们 wǒmen

但是，当“子、头”作实语素时，不读轻声，读原调。例如：

男子 nánzǐ	学子 xuézǐ	瓜子 guāzǐ
埋头 máitóu	龙头 lóngtóu	蛇头 shétóu

（5）一批常用的双音节词，第二个音节习惯读轻声。例如：

琢磨 zhuómo	亲家 qìngjia	能耐 néngnai
机灵 jīling	大意 dàyi	告诉 gàosu
规矩 guīju	姑娘 gūniang	大爷 dàye

此外，普通话中还有一些成分一般轻读、间或重读，如用在名词、代词后面表示方位的语素或词“上、下、里、边”，用在动词、形容词后面表示趋向的词“来、去”等。

三 儿化

1. 儿化的性质

普通话中，卷舌元音 er 不与声母相拼，可以自成音节，还可以与其他韵母结合成一个音节，使这个韵母因卷舌而发生音变，这种语音现象叫作“儿化”。儿化的基本性质是使一个音节的主要元音带上卷舌色彩。经过儿化的音节仍然是一个音节，叫“儿化音节”，其带有卷舌色彩的韵母叫“儿化韵”。儿化的基本性质从语音角度分析就是卷舌作用，从词汇角度上说是后缀。儿化音节用汉字书写是两个字，用汉语拼音字母拼写是在原音节后面加字母“r”，如“花儿”拼写为 huār。“r”在儿化音节中不代表音素，只表示卷舌动作。

2. 儿化的作用

儿化不只是语音现象，它还具有词汇意义和语法意义，并有一定的修辞作用，使汉语在表达上更加精确。儿化对有些词具有区别词义的作用。例如：“头”指脑袋，“头儿”指带头的、领头的人；“白面”指面粉，“白面儿”指白色粉末。儿化在有些词里有确定词性的作用，兼动、名两类的词或形容词，儿化后固定为名词；有的名词、动词儿化后借用为量词。例如：

画（名词、动词）-画儿（名词）　　活（形容词）-活儿（名词）

手（名词）-手儿（量词）　　堆（动词）-堆儿（量词）

有的词儿化后带有表示细小、亲切或喜爱的感情色彩。例如：

树枝儿　针眼儿　慢慢儿　小孩儿　宝贝儿

有些词习惯上儿化，并没有什么作用。例如：

圆圈儿　走道儿　蝈蝈儿　冰棍儿　玩意儿

在普通话里，可以适当使用能表示复杂语意的儿化词。那些可用可不用，不表示什么语意的“儿化”，可以不加儿。一般来说，不能有相连的两个儿化音节，例如不能将“花儿 huār”“盆儿 pénr”合起来构成一个词，说成“花儿盆儿 huārpénr”，只能说“花盆儿 huāpénr”。

3. 儿化韵音变规则

儿化韵的音变条件取决于韵腹元音是否便于发生卷舌动作。卷舌很便利的，原韵母就不变，只加上 r；能卷舌，但不太便利，就稍变，迁就卷舌动作；不能卷舌的，就大变，甚至去掉韵尾，增添音素，使其有卷舌动作。具体如下。

（1）便于卷舌的，如韵母 a、o、e、u，儿化时原韵母不变，直接卷舌。例如：

红花儿 hónghuār　围脖儿 wéibór　唱歌儿 chànggēr

旦角儿 dànjuér　白兔儿 báitùr　豆芽儿 dòuyár

（2）不便于卷舌的，有几种情况，分别是：

①韵尾是 i、n 的，丢掉韵尾 i、n，主要元音卷舌。例如：

uai→uar 一块儿　　　　en→er 嗓门儿

韵母是 in、ün 的，丢掉韵尾 n 后，还要加 er。例如：

in→ier 脚印儿　　　　ün→üer 合群儿

②韵母是 i、ü 的加 er。例如：

i→ier 玩意儿　　　　ü→üer 小曲儿

③韵母是舌尖元音-i（前、后）的，将其换成 er。例如：

zi→zer 瓜子儿　　　　zhi→zher 墨汁儿

④韵尾是 ng 的，丢掉韵尾 ng，主要元音鼻化并卷舌。例如：

ang→ãr 赶趟儿　　　　eng→er 钢镚儿　　　　ong→õr 抽空儿

字母上的“˜”表示元音鼻化，但是韵母是 ing 的，丢掉韵尾加 er 后，e 同时鼻化。例如：

ing→iẽr 眼镜儿

四 语气助词“啊”的音变

语气助词“啊”单独的读音是 a，它常出现在句末或句中的停顿处，表示语气缓和，增加感情色彩。由于“啊”总是出现在其他音节之后，因“连音同化”或“连音异化”而产生增音现象，因此，其读音随前面音节的末尾音素而产生变化。

巩固训练

1. 读准下列词语中上声的变调

（1）上声在非上声前读半上。

保安 bǎo'ān	抵消 dǐxiāo	美观 měiguān	两栖 liǎngqī
起飞 qǐfēi	午餐 wǔcān	宰割 zǎigē	扭曲 niǔqū
火灾 huǒzāi	百合 bǎihé	否决 fǒujué	矩形 jǔxíng
脸颊 liǎnjiá	强求 qiǎngqiú	体罚 tǐfá	洗涤 xǐdí
眼球 yǎnqiú	指纹 zhǐwén	俯瞰 fǔkàn	满载 mǎnzài
理发 lǐfà	韭菜 jiǔcài	泯灭 mǐnmiè	审讯 shěnxùn
引路 yǐnlù	长辈 zhǎngbèi	请假 qǐngjià	打扮 dǎban
点心 diǎnxin	火候 huǒhou	老实 lǎoshi	爽快 shuǎngkuai
妥当 tuǒdàng	稳当 wěndang	口袋 kǒudai	嗓子 sǎngzi

（2）上声在上声前读阳平。

采写 cǎixiě	诋毁 dǐhuǐ	改写 gǎixiě	好感 hǎogǎn
考取 kǎoqǔ	可喜 kěxǐ	马匹 mǎpǐ	取舍 qǔshě
爽朗 shuǎnglǎng	统领 tǒnglǐng	眼睑 yǎnjiǎn	语法 yǔfǎ
掌管 zhǎngguǎn	总管 zǒngguǎn	主宰 zhǔzǎi	武打 wǔdǎ

2. 读准下列词语中“一”的变调

（1）在去声前读阳平。

一气 yíqì	一瞬 yíshùn	一概 yígài	一向 yíxiàng
一带 yídài	一半 yíbàn	一律 yílǜ	一致 yízhì

（2）在非去声前读去声。

一身 yìshēn	一天 yìtiān	一端 yìduān	一心 yìxīn
一边 yìbiān	一经 yìjīng	一生 yìshēng	一斤 yìjīn
一吨 yìdūn	一旁 yìpáng	一直 yìzhí	一如 yìrú
一时 yìshí	一头 yìtóu	一行 yìháng	一秒 yìmiǎo
一起 yìqǐ	一准 yìzhǔn	一早 yìzǎo	一举 yìjǔ
一口 yìkǒu	一手 yìshǒu	一缕 yìlǚ	一所 yìsuǒ

3. 读准下列词语中“不”的变调

在去声前读阳平

不便 búbiàn	不错 búcuò	不幸 búxìng	不断 búduàn
不对 búduì	不测 búcè	不怕 búpà	不论 búlùn

4. 读准下列重叠形容词的变调

儿化音节读阴平

快快儿（的）kuàikuāir（de）	慢慢儿（的）mànmānr（de）
远远儿（的）yuǎnyuānr（de）	饱饱儿（的）bǎobāor（de）

5. 读准下列词语的轻声音节

桌子 zhuōzi	黑的 hēide	听了 tīngle	苍蝇 cāngying
多么 duōme	称呼 chēnghu	风筝 fēngzheng	家伙 jiāhuo
盘子 pánzi	婆婆 pópo	白的 báide	朋友 péngyou
胡琴 húqin	什么 shénme	粮食 liángshi	凳子 dèngzi
绿的 lǜde	这么 zhème	看了 kànle	转悠 zhuànyou
热闹 rènao	在乎 zàihu	椅子 yǐzi	奶奶 nǎinai
跑了 pǎole	怎么 zěnme	补丁 bǔding	打发 dǎfa

笔试 bǐshì—比试 bǐshi	包含 bāohán—包涵 bāohan
老道 lǎodào—老到 lǎodao	莲子 liánzǐ—帘子 liánzi

龙头 lóngtóu—笼头 lóngtou	自然 zìrán—自然 zìran
蛇头 shétóu—舌头 shétou	利害 lìhài—厉害 lìhai
琢磨 zhuómó—琢磨 zuómo	本事 běnshì—本事 běnshi
大意 dàyì—大意 dàyi	大方 dàfāng—大方 dàfang
大爷 dàyé—大爷 dàye	地道 dìdào—地道 dìdao
地下 dìxià—地下 dìxia	对头 duìtóu—对头 duìtou
废物 fèiwù—废物 fèiwu	合计 héjì—合计 héji
精神 jīngshén—精神 jīngshen	来往 láiwǎng—来往 láiwang
来路 láilù—来路 láilu	人家 rénjiā—人家 rénjia
实在 shízài—实在 shízai	兄弟 xiōngdì—兄弟 xiōngdi

6. 读准下列词语的儿化韵

刀把儿 dāobàr	豆芽儿 dòuyár	笑话儿 xiàohuàr
耳膜儿 ěrmór	大伙儿 dàhuǒr	在这儿 zàizhèr
半截儿 bànjiér	泪珠儿 lèizhūr	红包儿 hóngbāor
面条儿 miàntiáor	门口儿 ménkǒur	加油儿 jiāyóur
小孩儿 xiǎoháir	一块儿 yíkuàir	刀背儿 dāobèir
一会儿 yīhuìr	快板儿 kuàibǎnr	聊天儿 liáotiānr
好玩儿 hǎowánr	人缘儿 rényuánr	老本儿 lǎoběnr
冰棍儿 bīnggùnr	脚印儿 jiǎoyìnr	合群儿 héqúnr
垫底儿 diàndǐr	瓜子儿 guāzǐr	记事儿 jìshìr
香肠儿 xiāngchángr	蛋黄儿 dànhuángr	夹缝儿 jiāfèngr
果冻儿 guǒdòngr	小熊儿 xiǎoxióngr	眼镜儿 yǎnjìngr

7. 读准下列词语里“啊”的变音

菠萝啊（呀）	半截啊（呀）	大衣啊（呀）	吃鱼啊（呀）
红花啊（呀）	别哭啊（哇）	好笑啊（哇）	快跑啊（哇）
加油啊（哇）	好难啊（哪）	狂欢啊（哪）	开心啊（哪）
真香啊	红娘啊	多清啊	老翁啊
电视啊	老师啊	老二啊	没门儿啊
写字啊	老四啊	工资啊	有刺啊

拓展训练

朗读短文，在短文里找到句子里“啊”的变音，并读准。

做好事的是他啊（tāya）！
赶快回家啊（jiāya）！
哪有这么多啊（duōya）？
这又怪又丑的石头，原来是天上的啊（deya）！
要注意节约啊（yuēya）！
应该奖励你啊（nǐya）！
会不会下雨啊（yǔya）？
这是千金难买的幸福啊（fúwa）！
多读一些好书啊（shūwa）！
桂林的山真秀啊（xiùwa）！
你的普通话说得真好啊（hǎowa）！
她的手真巧啊（qiǎowa）！
这块丑石，多占地面啊（miànna）！
雪大路滑，当心啊（xīnna）！
他的枪法真准啊（zhǔnna）！
你真是个热心人啊（rénna）！
唱啊唱（chàngngachàng），嘤嘤有韵。
这是怎样一个妄想啊（xiǎngnga）！
多好听啊（tīngnga）！
这东西怎么用啊（yòngnga）！
是啊（shìra），我们有自己的祖国，小鸟也有它的归宿。
没办法治啊（zhìra）！
他就是王小二啊（èrra）！
多好玩儿啊（wánrra）！
两个什么字啊（zì [zA]）？
这是第几次啊（cì [zA]）？
在哪个公司啊（sī [zA]）？

任务考核

任务 6　音变发音训练考核评分表

评价主体	评价项目与内容	评价分值（分）				
		10	7	5	3	1
学生自评	1. 轻声发音正确					
	2. 儿化发音正确					
	3. “一、不”变调发音正确					
	4. “啊”的音变发音正确					
学生互评	1. 乐于助人，善于团队合作					
	2. 课堂表现积极、乐于语言学习					
	3. 普通话正音效果显著					
教师点评	1. 普通话声母、韵母、声调准确					
	2. 普通话重音、停顿、语调规范					
	3. 语速合适					
总分						

任务 7 物流标准术语字音训练

学习目标

1. 提高物流行业普通话交流的能力，改善普通话发音的标准度。
2. 能用标准的普通话发音完成下列专项训练。
3. 通过熟读物流专业词语和短文，了解物流必备知识。

知识内容

一 专项词语训练

1. 双音节词语

物品 wùpǐn　货物 huòwù　物流 wùliú　配送 pèisòng
运输 yùnshū　班列 bānliè　集拼 jípīn　仓储 cāngchǔ
储存 chǔcún　保管 bǎoguǎn　盘点 pándiǎn　分拣 fēnjiǎn
换装 huànzhuāng　堆码 duīmǎ　库存 kùcún　仓单 cāngdān
补货 bǔhuò　理货 lǐhuò　叉车 chāchē　集货 jíhuò
装卸 zhuāngxiè　搬运 bānyùn　加固 jiāgù　配载 pèizài
包装 bāozhuāng　运价 yùnjià　冷链 lěngliàn　仓库 cāngkù
库房 kùfáng　货场 huòchǎng　码头 mǎtóu　港口 gǎngkǒu
挂车 guàchē　托盘 tuōpán　货架 huòjià　条码 tiáomǎ
报关 bàoguān　提单 tídān　清关 qīngguān　口岸 kǒu’àn

2. 三音节词语

发货人 fāhuòrén　收货人 shōuhuòrén　集装箱 jízhuāngxiāng
托运人 tuōyùnrén　承运人 chéngyùnrén　集疏运 jíshūyùn
供应链 gōngyìngliàn　组配货 zǔpèihuò　滞报金 zhìbàojīn
航空港 hángkōnggǎng　牵引车 qiānyǐnchē　升降台 shēngjiàngtái
输送机 shūsòngjī　集装袋 jízhuāngdài　前置仓 qiánzhìcāng

3. 多音节词语

物流管理 wùliú-guǎnlǐ
物流网络 wùliú-wǎngluò
配送中心 pèisòng-zhōngxīn
物流成本 wùliú-chéngběn
企业物流 qǐyè-wùliú
销售物流 xiāoshòu-wùliú
国际物流 guójì-wùliú
智慧物流 zhìhuì-wùliú
直达运输 zhídá-yùnshū
甩挂运输 shuǎiguà-yùnshū
零担运输 língdàn-yùnshū
滚装运输 gǔnzhuāng-yùnshū
快递服务 kuàidì-fúwù
码盘作业 mǎpán-zuòyè
库存周期 kùcún-zhōuqī
存货质押 cúnhuò-zhìyā
即时配送 jíshí-pèisòng
绿色包装 lǜsè-bāozhuāng
定制物流 dìngzhì-wùliú
物流设备 wùliú-shèbèi
循环取货 xúnhuán-qǔhuò
交割仓库 jiāogē-cāngkù
物品编码 wùpǐn-biānmǎ
起重机械 qǐzhòng-jīxiè
射频标签 shèpín-biāoqiān
安全库存ānquán-kùcún
延迟策略 yánchí-cèlüè
仓储管理 cāngchǔ-guǎnlǐ
跨境运输 kuàjìng-yùnshū
租船运输 zūchuán-yùnshū
通运货物 tōngyùn-huòwù
过境货物 guòjìng-huòwù
船务代理 chuánwù-dàilǐ
来料加工 láiliào-jiāgōng
保税仓库 bǎoshuì-cāngkù
物流服务 wùliú-fúwù
物流中心 wùliú-zhōngxīn
物流枢纽 wùliú-shūniǔ
物流联盟 wùliú-liánméng
供应物流 gōngyìng-wùliú
军事物流 jūnshì-wùliú
精益物流 jīngyì-wùliú
逆向物流 nìxiàng-wùliú
中转运输 zhōngzhuǎn-yùnshū
驮背运输 tuóbèi-yùnshū
带板运输 dàibǎn-yùnshū
多式联运 duōshì-liányùn
物资储备 wùzī-chǔbèi
越库作业 yuèkù-zuòyè
存储单元 cúnchǔ-dānyuán
融资监管 róngzī-jiānguǎn
运输包装 yùnshū-bāozhuāng
反向物流 fǎnxiàng-wùliú
物流设施 wùliú-shèshī
集装运输 jízhuāng-yùnshū
自营仓库 zìyíng-cāngkù
交通枢纽 jiāotōng-shūniǔ
集装箱船 jízhuāng-xiāngchuán
物流标签 wùliú-biāoqiān
射频识别 shèpín-shíbié
物流外包 wùliú-wàibāo
快速反应 kuàisù-fǎnyìng
存货控制 cúnhuò-kòngzhì
班轮运输 bānlún-yùnshū
保税货物 bǎoshuì-huòwù
转运货物 zhuǎnyùn-huòwù
海关估价 hǎiguān-gūjià
进料加工 jìnliào-jiāgōng
保税物流 bǎoshuì-wùliú
第三方物流 dìsānfāng-wùliú

供应链管理gōngyìngliàn-guǎnlǐ
订货提前期 dìnghuò-tíqiánqī
自动导引车 zìdòng-dǎoyǐnchē
供应链集成 gōngyìngliàn-jíchéng
门到门运输 méndàomén-yùnshū
铁路专用线 tiělù-zhuānyòngxiàn
大陆桥运输 dàlùqiáo-yùnshū
原产地证明 yuánchǎndì-zhèngmíng

二 用标准普通话朗诵下列短文

1. 根据实际需要，将运输、储存、装卸、搬运、包装、流通加工、配送、信息处理等基本功能实施有机结合，使物品从供应地向接收地进行实体流动的过程，根据客户要求，对物品进行分类、拣选、集货、包装、组配等作业，并按时送达指定地点的物流活动。

2. 为满足客户物流需求所实施的一系列物流活动过程及其产生的结果，根据客户物流需求所提供的全过程、多功能的物流服务，由独立于物流服务供需双方之外且以物流服务为主营业务的组织提供物流服务的模式。

3. 面向客户上下游业务，应用现代管理和技术手段，对其商流、物流、信息流和资金流进行整合和优化，形成以共享、开放、协同等为特征，为客户创造价值的经济活动。

4. 具有完善的物流设施及信息网络，可便捷地连接外部交通运输网络，物流功能健全，集聚辐射范围大，存储、吞吐能力强，为客户提供专业化公共物流服务的场所。

5. 具有完善的配送基础设施和信息网络，可便捷地连接对外交通运输网络，配送及中转功能齐全，集聚辐射范围大，存储吞吐能力强，向下游配送中心提供专业化统一配送服务的场所。

6. 具备较大规模配套的专业物流基础设施和完善的信息网络，通过多种运输方式便捷地连接外部交通运输网络，物流功能和服务体系完善并集中实现货物集散、存储、分拨、转运等多种功能，辐射较大范围物流网络的公共物流节点。

7. 为生产企业提供原材料、零部件或其他物料时所发生的物流活动。生产物流生产企业内部进行的涉及原材料、在制品、半成品、产成品等的物流活动。

8. 用于满足平时、战时及应急状态下军事行动物资需求的物流活动。消除物流过程中的无效和非增值作业，用尽量少的投入满足客户需求，并获得高效率、高效益的物流活动。

9. 为恢复物品价值，循环利用或合理处置，对原材料、零部件、在制品及产成品从供应链下游节点向上游节点反向流动，或按特定的渠道或方式归集到指定地点所进行的物流活动。

10. 将经济活动或人民生活中失去原有使用价值的物品，根据实际需要进行收集、分类、加工、包装、搬运、储存等，并分送到专门处理场所的物流活动。

11. 不拥有货运车辆，以承运人身份与托运人签订运输合同、承担承运人责任和义务，并委托实际承运人完成运输服务的道路货物运输经营者。

12. 不拥有、不经营船舶，但以承运人的身份接受托运人委托，签发自己的提单或其他运输单证，向托运人收取运费并承担承运人责任，通过与有船承运人签订运输合同，完成海上货物运输经营活动的经 营者。

13. 一批属于同一发、收货人的货物，且其重量、体积、形状或性质需要以一辆或多辆货车单独装运，并据此办理承托手续，组织运送和计费的运输活动。

14. 将物品按一定目的进行分类、拣选的相关作业，将货物由一运输工具上卸下，再装到另一运输工具上的物流衔接作业，物品在物流节点内不经过出入库等储存活动。

15. 对存货人所交付的仓储物品进行验收之后出具的权利凭证，需要融资的企业（即借方），将其拥有的存货作为质物，向资金提供企业（即贷方）出质，同时将质物委托给具有合法保管存货资格的物流企业（中介方）保管和占有。

16. 为在流通过程中保护产品、方便储运、促进销售，按一定技术方法而采用的容器、材料及辅助物等，也指为了达到上述目的而采用容器材料和辅助物的过程中施加一定技术方法等的操作活动。

17. 以核心企业为依托，以企业信用或交易标的为担保，锁定资金用途及还款来源，对供应链各环节参与企业提供融资、结算、资金管理等服务的业务和业态。

18. 周转容器在众多用户之间共享互换，完成预期的有限次数的用集装器具或采用捆扎方法，把物品组成标准规格的货物单元，以便进行装卸、搬运、储存、运输等物流活动的作业方式。

19. 将未包装的粉末、颗粒或块状的物质转为使用集装箱运输，暂存的物流作业方式，同一货运车辆按照预先设定的路线和时间依次到两个及以上取货点处取货，然后直接送达到指定地点的一种物流运作模式。

20. 位于江、河、湖、海或水库等沿岸，由一定范围的水域和陆域组成的且具有相应的设施设备和条件，开展船舶进出、停靠、货物运输物流等相关业务的区域。

21. 用于牵引挂车的商用车辆设计和制造上需由汽车或拖拉机牵引，才能在道路上正常使用的无动力道路车辆，包括牵引杆挂车、中置轴挂车和半挂车。

22. 能够沿设定的路径自动行驶，具有物品移载功能的搬运车辆，一种以间歇作业方式对物品进行起升、下降和水平移动的搬运机械，能垂直升降和水平移动物品或集装单元器具的专用设备。

23. 用于承载由物品组成的标准规格，便于储运的单元器具，用专门器具盛放或捆扎处理的，便于装卸、搬运、储存、运输的标准规格的单元货件物品。

24. 在计算机技术支持下，对整个或部分地球表层（包括大气层）空间中的有关地理分布数据进行采集、储存、管理、运算、分析、显示和描述的系统。

25. 在较完善的交通基础设施上，将先进的科学技术、信息技术、计算机技术、数据通信技术、传感器技术、电子控制技术、自动控制理论、运筹学、人工智能等，有效地综合运用于交通运输、服务控制和车辆制造，加强车辆、道路、使用者三者之间的联系，从而形成的一种保障安全、提高效率、改善环境、节约能源的综合运输系统。

26. 对物品入库、出库、盘点及其他相关仓库作业，仓储设施与设备，库区库位等实施全面管理的计算机信息系统。

27. 将库存物品按照设定的分类标准和要求分为特别重要的库存（类）、一般重要的库存（类）和不重要的库存（类）三个等级，然后针对不同等级分别进行控制的管理方法。

28. 利用及时准确的销售信息，生产时点信息确定已销售的商品或已消耗的库存数量，根据下游客户的库存信息和预先规定的库存补充程序确定发货补充数量和配送时间的计划方法。

29. 在物料需求计划的基础上，增加营销、财务和采购功能，对企业制造资源和生产经营各环节，实行合理有效的计划、组织、协调与控制，达到既能连续均衡生产，又能最大限度地降低各种物品的库存量，进而提高企业经济效益的管理方法。

拓展训练

设定一个场景，假设你是某商场客服人员，利用专业知识，为客户解决问题，普通话发音标准。

1. 客户线下门店采购某品牌空调一台，与客户沟通送货上门详情，并提醒安装事宜，让客户满意。

2. 客户大批量采购冷冻食品，客户咨询产品原产地、采购方式和存储物流体系。

任务考核

任务 7　物流标准术语字音训练考核评分表

评价主体	评价项目与内容	评价分值（分）				
		10	7	5	3	1
学生自评	1. 声母发音正确					
	2. 韵母发音正确					
	3. 声调发音正确					
	4. 语速合适					

续表

评价主体	评价项目与内容	评价分值（分）				
		10	7	5	3	1
学生互评	1. 乐于助人，善于团队合作					
	2. 课堂表现积极、乐于语言学习					
	3. 普通话正音效果显著					
教师点评	1. 普通话声母、韵母、声调准确					
	2. 普通话重音、停顿、语调规范					
	3. 物流标准术语表达规范，使用正确					
总分						

模块二

物流普通话诵读技巧

在本模块中，我们将学习物流普通话诵读技巧，包括词汇搭配、语法结构、语音发声技巧、节律处理技巧、态势语言技巧、诵读会组织策划、物流作品诵读。①词汇搭配：包含词汇搭配概述、词的分类、词汇搭配的形式、词汇搭配的方法、词汇搭配训练；②语法结构：包含语法结构概述、句子的分类、句子的结构、语句成分划分训练等；③语音发声技巧：包含呼吸技巧、共鸣技巧、吐字归音技巧；④节律处理技巧：包含停顿、重音、节奏、句调；⑤态势语言技巧：包含仪表语言、表情语言、手势语言、身姿语言；⑥诵读会组织策划：包含诵读的形式、诵读的配乐、诵读会的主持、诵读会的整体策划。最后，我们将进行物流作品诵读综合训练。

概述　朗诵的艺术魅力

朗诵作为口耳艺术，源远流长。古人云："读书百遍，其义自见，谓读得熟，则不待解说，自晓其义也。"南宋大哲学家朱熹告诫人们读书时，一定要朗诵。他在《朱子训学斋规》中说："凡读书，需要读得字字响亮"，"不可牵强暗记，只是要多诵数遍，自然上口，久远不忘。"

一　什么是朗诵

1. 朗诵

朗诵是把诉诸视觉的书面文字转化为诉诸听觉的有声语言的再创作活动，它把源于生活并高于生活的文学作品，经过抑扬顿挫、声情并茂的加工，使之形于声，成为有声语言的艺术品，具有很强的艺术表现力和感染力。

语言学家徐世荣先生曾说过："朗读，就是把书面上写的语言变为口头上说的语言，把无声的语言（文字、文章、文学作品）变为有声语言——更能表情达意的口头活语言。"这里的朗读其实和朗诵有异曲同工之妙，都需要在书本文字的基础上发出声音、带入情感、表情达意。

2. 朗读与朗诵

朗读是指大声地读，主要是将文本材料中的字、词、句等书面文字直接、完整、准确、清晰地以有声语言的方式表达出来，是一种完全忠实于书面文本的准确表达。而朗诵则是朗读的更高境界，它不仅是把文字作品转化为有声语言，而且是一种艺术再创作的过程。朗诵者可以用丰富多彩的语言手段及音乐、舞蹈等形式创造优美动人的意境和形象。所谓诵，是指用高低抑扬的腔调读，这就需要朗诵者在理解作品的基础上，辅以自己的语音、态势、表情、眼神等方式塑造形象、传情达意。

3. 朗诵的作用

朗诵是口语表达的一种重要形式，人们通过朗诵可以陶冶情操、文明言行、怡情养性，提升艺术鉴赏能力，提高口语表达能力。朗诵时口读耳听，口耳并用，声情并茂，拓宽了向大脑传输信息的渠道，有利于增强记忆力和理解力，从而提高对文学作品的感悟能力和阅读能力。长期以来，朗诵一直伴随着我们的生活，在战争年代，朗诵成了斗争的有力武器，许多仁人志士振臂高呼，倾心呐喊，吟诵着发自肺腑的诗文佳作，向民众宣传救国救民的道理，传播强国富民的知识。在新中国建设时期，很多热血青年在一些著名诗篇激励下满怀豪情地到边疆去，到祖国最需要的地方，去建设社会主义国家。在改革开放的新时期，朗诵更是以其巨大的艺术魅力为人民喜闻乐见，它被广泛运用于教学活动、媒体宣传、人际交往中。

二 朗诵的基本要求

1. 准确无误

对作品有比较透彻的理解，能准确把握作品的主题和感情的基调。用标准的普通话读准字音，不漏字，不添字，不错字，不破句，不拖腔，不唱读，做到音调正确，吐词清晰，语言流畅。

2. 节奏恰当

语速快慢得体，语气贯通。语气语调、声音节奏要富于变化。态度自然大方，语言生动，停顿合理，节奏恰当。

3. 表情达意

朗诵是情感的表达，情感是朗诵的基础。朗诵是对作品的再创造过程，朗诵者要将对作品内容的理解和情感共鸣，通过朗诵表达出来，从而产生触动灵魂的情感体验。

三 朗诵的技巧

1. 加强气息训练

气流的变化关系到声音的响亮度、声音的清晰度、音色的优美圆润、嗓音的持久性及情绪的饱满充沛。学会控制气息，才能做到控制声音。在日常生活中培养良好的呼吸习惯，进行有意识的呼吸控制训练，提高说话发声呼吸的控制能力。学会换气、补气、偷气、救气等，这个过程需要循序渐进、持之以恒才能方显效果。

2. 掌握发音技巧

朗诵时要比日常说话时口腔开度大一些，还要掌握停顿、重音、语速、语调等发音技巧。要根据句子长短和情感表达的需要适时停顿；要对在表情达意上起重要作用的字、词或短语加以强调，突出意义，增加分量；通过加快、放慢语速营造作品的情绪和气氛，增强语言的表达效果；通过声音高低升降的变化，使朗诵听起来富有节奏感和音乐美，传达出细微的思想情感。

3. 融入思想情感

好的朗诵一定与感情色彩密不可分，融入作者情感，才能使听众产生情感共鸣。朗诵前一定要先反复品味朗诵作品本身，进入作品，理解作品。只有理解了的作品，朗诵者才能更深刻地感受它。只有用心感受、深刻理解过的作品，朗诵者才能声情并茂地呈现出来。

四　杜伟东、常莹《谈谈模仿名家朗诵》

朗诵初学者，应有模仿，就像临摹书帖。因为模仿是对名家名作的学习。模仿中，往往自觉与不自觉中就吸收了许多的知识，跟着名家朗诵韵律一起振动，必将激发你的灵感，使你的视野大开，品位提高。由于反复模仿，对日后形成自己的朗诵风格也起着很强的导向作用。另外，模仿名家还能有效地吸收众家之长，使你日后的朗诵风格不单调、不闭塞、具有多家朗诵之风格与特长。这也是模仿者所刻意追求的。

当然，模仿不是目的，只是手段。模仿者不能只局限在模仿名家的具体音声上，只有模仿了名家的精神才能算是有价值的模仿。齐白石先生言："像我者死，似我者生。"此话对我们的朗诵模仿仍然有相当的意义。

那么什么样的模仿才算是对其精、气、神的模仿呢？我想应该有这样几点：

第一，是理解名家对朗诵作品的整体把握，学习其处理朗诵文字文本与朗诵音声的一般方法与特殊处理方法。

第二，要学习其对声腔、节奏等的控制方法，学习节奏的转换处理方式，如赵兵先生在高音域声腔处理中有效地提起软腭以优化共鸣质量等。

第三，学习名家对朗诵语音流的深度理解与把握，包括对语流音段、语流音句、语流句段甚至语流音章的构成与处理方法等，如虹云女士极富调域层级的朗诵音声，丁建华女士在女性化作品中，用气声、颤音腔调推起抒情高潮等。

第四，不要轻视名家的吐字发音，这也是应着力模仿学习的。因为朗诵的吐字发音就像商店的门面，是朗诵的基础，没有了门面基础，其他也就谈不上了。

现代人的朗诵也容易产生一些模仿误区：

其一，一味地追求名家朗诵时的电声效果，也想搞一点"修饰"韵味，便一会儿"回声"，一会儿"截波"的，总想使自己的声音变变味。好奇是好事，但不能沉溺其中，自己的本音永远是本钱。其实朗诵录音，首先是真实，其次才是效果，如果完全失真，那肯定是有问题的。

其二，有的朗诵者喧宾夺主，片面追求配乐效果。一朗诵必定配音乐，殊不知，配音乐是应有专人做的，也是一种艺术创作。随便拿个音乐一放就算配音，大都不和谐。曾听过为了赶上音乐节奏而使朗诵自身结构出问题的，其结果是得不偿失。

总之，模仿是最直接的学习，现代条件下应强调"模仿加录音"的方式，不要怕麻烦，其实这样做能有效而快速地提高朗诵水平。朗诵也像唱曲子，“千生万熟”，这都是一样的道理。一切将朗诵简单化的倾向，对朗诵艺术都是有害的。更不要相信那些所谓的“朗诵不用学，自然而然就会了”的说法。抱定一个信念，“积土成山，风雨兴焉；积水成渊，蛟龙生焉”“千里之行始于足下”，功夫是不负苦心人的。

任务 1 词汇搭配

学习目标

1. 掌握词的组合规律，熟悉几种常见的词汇搭配形式。
2. 能准确地运用词语表达意思，能得体地使用词语。
3. 培养语言运用能力，传播中华民族的优秀文化。

知识内容

一 词汇搭配概述

语素是指语言中最小的音义结合体，也就是说一个语言单位必须同时满足三个条件“最小、有音、有义”才能被称作语素，尤其是“最小”和“有义”。汉语的语素绝大部分是单音节的（手/洗/民/失）。在汉语中，基本上是一个音节代表一个语素。语素和语素可以组合成词（马+路→马路/开+关→开关）。有的语素本身就是词（手、洗），有的语素本身不是词，只能跟别的语素一起组成合成词（民→人民/失→丧失）。

汉语词汇由实词和虚词构成。实词，词汇中含有实际意义的词语，在汉语中实词分为六大类，分别是名词、动词、形容词、数词、量词、代词；虚词，词汇中没有实际意义的词，汉语中虚词也分为六大类，分别为副词、介词、连词、助词、感叹词、拟声词。

词汇搭配由两个或两个以上的词组合而成，也就是通常所说的短语。词汇搭配涉及词语组配的一些规则或限制。

二 词的分类

（一）单音节词和多音节词

从构成词的多少看，词可以分成单音节词、双音节词和多音节词。

只有一个音节的词叫单音节词。两个音节构成的词叫双音节词。包含三个或三个以上音节的词叫多音节词。例如：

单音节词：江 jiāng　　水 shuǐ　　田 tián　　跑 pǎo　　快 kuài

双音节词：迢迢 tiáotiáo　　谆谆 zhūnzhūn　　皑皑áiái
多音节词：计算机 jìsuànjī　　自由贸易试验区 zìyóumàoyìshìyànqū

（二）单纯词和合成词

从词的结构看，词可以分为单纯词和合成词。

1. 单纯词

由一个语素构成的词叫单纯词。单纯词有以下几种构成方式。

（1）所有单音节词都是单纯词。例如：

寺 sì　踹 chuài　葱 cōng　窗 chuāng　嘣 bēng　凹āo
蝉 chán　舱 cāng　喘 chuǎn　罩 zhào　凝 níng　讹é

（2）由同一音节重叠起来的词（也叫叠音词）。例如：

往往 wǎngwǎng　姥姥 lǎolao　猩猩 xīngxing　侃侃 kǎnkǎn
翩翩 piānpiān　孜孜 zīzī　冉冉 rǎnrǎn　喋喋 diédié

（3）由两个音节组成的词。这些词本身是一个整体，不能拆开用，不能分开讲。例如：

黑板 hēibǎn　徘徊 páihuái　吩咐 fēnfù　琵琶 pípa
从容 cóngróng　仿佛 fǎngfú　苍茫 cāngmáng　蜈蚣 wúgōng

（4）拟声词。例如：

滴滴答 dīdīdā　扑通 pūtōng　嘎吱 gāzhī　喀嚓 kāchā
呱呱 gūgū　劈里啪啦 pīlipālā　稀里哗啦 xīlihuālā

（5）音译外来词。例如：

咖啡 kāfēi　葡萄 pútao　沙发 shāfā　夹克 jiākè
萨克斯 sàkèsī　麦克风 màikèfēng　盘尼西林 pánníxīlín

2. 合成词

由两个或两个以上语素构成的词叫合成词。合成词有以下几种构成方式。

（1）由一个基本成分和一个辅助成分构成的词。

①辅助成分在前的主要有“老、阿、初、第、小、可”。例如：

老乡 lǎoxiāng　老师 lǎoshī　老虎 lǎohǔ　阿姨āyí
阿毛āmáo　阿爸ābà　初一 chūyī　第三 dìsān
小姐 xiǎojiě　可巧 kěqiǎo　可谓 kěwèi　可好 kěhǎo

②辅助成分在后的主要有“子、儿、头、者、家、员、巴、性、化、气、然”。例如：

骗子 piànzi　孩子 háizi　盖儿gàier　想头 xiǎngtou
石头 shítou　长者 zhǎngzhě　党员 dǎngyuán　结巴 jiēba
个性 gèxìng　神气 shénqì　淡然 dànrán　老人家 lǎorenjia

圆乎乎 yuánhūhū　　酸溜溜 suānliūliū　　热腾腾 rètēngtēng

（2）由两个基本成分构成的词，有以下几种形式。

①并列式：前后两个语素的意义相同、相近或相反、相对。例如：

整齐 zhěngqí	配送 pèisòng	运输 yùnshū	储存 chǔcún
装卸 zhuāngxiè	搬运 bānyùn	包装 bāozhuāng	拣选 jiǎnxuǎn

②偏正式：两个语素之间的关系有主次之分，后边的语素为主，前边的语素修饰、限制后边的语素。例如：

热爱 rèài	雪白 xuěbái	穷忙 qióngmáng	笔直 bǐzhí
电灯 diàndēng	加固 jiāgù	冷链 lěngliàn	仓储 cāngchǔ

③支配式：前面的语素表示动作，后面的语素是动作的对象。例如：

鼓掌 gǔzhǎng	握手 wòshǒu	提单 tídān	落地 luòdì
集货 jíhuò	入库 rùkù	清关 qīngguān	报名 bàomíng

④陈述式：前面的语素表示事物，后面的语素是陈述说明这一事物的。例如：

地震 dìzhèn	冬至 dōngzhì	面熟 miànshú	军用 jūnyòng
民办 mínbàn	气馁 qìněi	年轻 niánqīng	锋利 fēnglì

⑤动补式：以前一个语素表示的意义为主，后一个语素补充、说明前一个语素。例如：

搬动 bāndòng	拒绝 jùjué	降低 jiàngdī	表彰 biǎozhāng
改善 gǎishàn	扩大 kuòdà	提高 tígāo	推翻 tuīfān

⑥重叠式：把一个语素重叠起来，表示某种附加意义。例如：

家家 jiājiā	看看 kànkàn	天天 tiāntiān	刚刚 gānggāng
仅仅 jǐnjǐn	轻轻 qīngqīng	户户 hùhù	处处 chùchù

三　词汇搭配的形式

常用的短语构成方式有以下几种。

（一）并列短语

并列短语又叫并列词组，一般是由两个或两个以上的名词、动词、形容词、代词或数量词等组合而成，词与词之间是并列关系，中间常用顿号或“和、及、又、与、并”等连词。并列短语的构词次序一般前后可以互换位置，但有些并列短语是不能前后互换位置的，因为有一定次序。构成并列短语的词性一般要求相同，但个别也有不同。例如：

流通-加工 liútōngjiāgōng	设施-设备 shèshīshèbèi
运输-包装 yùnshūbāozhuāng	分类-整理 fēnlèizhěnglǐ

（二）主谓短语

主谓短语是由两个表示被陈述与陈述关系的词组成的短语，其中表示被陈述的对象是主语，用来陈述的是谓语。主语一般由名词、代词充当，谓语一般由动词、形容词充当。例如：

信息-处理 xìnxīchǔlǐ　　快递-服务 kuàidìfúwù

资源-优化 zīyuányōuhuà　　单证-处理 dānzhèngchǔlǐ

（三）动宾短语

动宾短语是由动词和后边受动词支配的成分一起组合成的短语，其中受动词支配的是宾语，表示动作行为的对象、结果、处所等。宾语主要由名词、代词或名词性的短语充当。例如：

顾全-大局 gùquándàjú　　安排-工作ānpáigōngzuò

活跃-市场 huóyuèshìchǎng　　收取-货物 shōuqǔhuòwù

（四）偏正短语

偏正短语是由名词、动词或形容词与它们前头的起修饰作用的成分组成的短语，其中名词、动词、形容词是中心语，修饰名词的成分是定语，修饰动词、形容词的成分是状语。定语、状语与中心语的关系，是偏和正的关系。例如：

操作-技能 cāozuòjìnéng　　零担-运输 língdànyùnshū

编码-方案 biānmǎfāngàn　　物流-单元 wùliúdānyuán

（五）动补短语

动补短语是由动词或形容词加上补语组成的短语。例如：

看明白 kànmíngbai　　送出去 sòngchūqù

住一宿 zhùyīxiǔ　　说两句 shuōliǎngjù

好得很 hǎodehěn　　傻呆了 shǎdāile

想得太多 xiǎngdetàiduō　　漂亮极了 piàoliangjíle

红得发紫 hóngdefāzǐ　　害怕得要命 hàipàdeyàomìng

（六）兼语短语

兼语短语是由一个动宾短语和一个主谓短语重叠而成的短语，动宾短语的宾语兼任主谓短语的主语。典型的兼语短语的谓语动词往往带有使动性，如：请、派、选、催、劝、组织、号召、通知、鼓励、领导、阻止等。例如：

叫我走 jiàowǒzǒu　　有人敲门 yǒurénqiāomén

请他进来 qǐngtājìnlái　　派你去西安 pàinǐqùxī'ān

选他做代表 xuǎntāzuòdàibiǎo

通知他们去码头 tōngzhītāmenqùmǎtóu

（七）同位短语

同位短语前后所指成分和所指内容相同，在句子中充当同一个句法成分，意义上构成复指关系。例如：

你们俩 nǐmenliǎ
春城昆明 chūnchéngkūnmíng
首都北京 shǒudūběijīng
我们大家 wǒmendàjiā
贪污腐化这种现象 tānwūfǔhuàzhèzhǒngxiànxiàng
治理整顿金融秩序这项工作 zhìlǐzhěngdùnjīnróngzhìxùzhèxiànggōngzuò

（八）方位短语

由方位词直接附在名词性或动词性词语后面组成，表示处所、范围或时间。例如：

大门外 dàménwài
山坡前 shānpōqián
晚饭后 wǎnfànhòu
世界上 shìjièshàng
改革中 gǎigézhōng
一年以上 yīniányǐshàng
开会以前 kāihuìyǐqián
三十岁以上 sānshísuìyǐshàng
文件下达之后 wénjiànxiàdázhīhòu

（九）“的、地、得”的搭配

1. “的”的搭配

修饰限制词+“的”+名词。例如：

经销商的满意度 jīngxiāoshāngdemǎnyìdù
特殊的工序 tèshūdegōngxù
优秀的团队 yōuxiùdetuánduì
用户的要求 yònghùdeyāoqiú
个性化的服务 gèxìnghuàdefúwù

2. “地”的搭配

修饰限制词+“地”+动词。例如：

有效地配置 yǒuxiàodepèizhì
快捷地码放 kuàijiédemǎfàng
规则地摆放 guīzédebǎifàng
不断地增加 bùduàndezēngjiā

3. “得”的搭配

动词（形容词）+“得”+补充说明。例如：

看得远 kàndeyuǎn
干得很出色 gàndehěnchūsè
累得满头大汗 lèidemǎntóudàhàn
急得直挠头 jídezhínáotóu
过得飞快 guòdefēikuài
做得认真 zuòderènzhēn

理解得十分深刻 lǐjiědeshífēnshēnkè

（十）量词搭配

量词搭配是指数词加上量词再加上名词。例如：

一袋米 yīdàimǐ
一个气囊 yīgè-qìnáng
一件衣服 yījiàn-yīfu
一辆叉车 yīliàng-chāchē
一部电影 yībù-diànyǐng
一群绵羊 yīqún-miányáng
一只野兔 yīzhī-yětù
一批货物 yīpī-huòwù
一种颜料 yīzhǒng-yánliào
一捆钢筋 yīkǔn-gāngjīn

（十一）其他固定结构

1. ABB

白花花 báihuāhuā
绿油油 lǜyóuyóu
醉醺醺 zuìxūnxūn
金灿灿 jīncàncàn
青幽幽 qīngyōuyōu
黑乎乎 hēihūhū
雄赳赳 xióngjiūjiū
光溜溜 guāngliūliū
粉嘟嘟 fěndūdū

2. AABB

确确实实 quèquè-shíshí
多多少少 duōduō-shǎoshǎo
明明白白 míngmíng-báibái
林林总总 línlín-zǒngzǒng
三三两两 sānsān-liǎngliǎng
零零星星 línglíng-xīngxīng
长长短短 chángcháng-duǎnduǎn
形形色色 xíngxíng-sèsè
生生世世 shēngshēng-shìshì
整整齐齐 zhěngzhěng-qíqí

3. AABC

源源不断 yuányuán-bùduàn
寥寥无几 liáoliáo-wújǐ
姗姗来迟 shānshān-láichí
生生不息 shēngshēng-bùxī
泛泛之交 fànfàn-zhījiāo
蒸蒸日上 zhēngzhēng-rìshàng
比比皆是 bǐbǐ-jiēshì
侃侃而谈 kǎnkǎn-értán
面面俱到 miànmiàn-jùdào
步步为营 bùbù-wéiyíng

4. ABAC

诚心诚意 chéngxīn-chéngyì
一点一滴 yīdiǎn-yīdī
任劳任怨 rènláo-rènyuàn
强买强卖 qiángmǎi-qiángmài
各种各样 gèzhǒng-gèyàng
同工同酬 tónggōng-tóngchóu
熟门熟路 shúmén-shúlù
毛手毛脚 máoshǒu-máojiǎo

善始善终 shànshǐ-shànzhōng

合情合理 héqíng-hélǐ

5. 又A又B

又大又圆 yòudà-yòuyuán

又快又稳 yòukuài-yòuwěn

又上又下 yòushàng-yòuxià

又高又大 yògāo-yòudà

又香又脆 yòuxiāng-yòucuì

又松又软 yòusōng-yòuruǎn

又大又甜 yòudà-yòutián

又厚又重 yòuhòu-yòuzhòng

又黑又亮 yòuhēi-yòuliàng

又快又好 yòukuài-yòuhǎo

6. A来A去

跳来跳去 tiàolái-tiàoqù

蹦来蹦去 bènglái-bèngqù

直来直去 zhílái-zhíqù

晃来晃去 huànglái-huàngqù

送来送去 sònglái-sòngqù

跑来跑去 pǎolái-pǎoqù

走来走去 zǒulái-zǒuqù

看来看去 kànlái-kànqù

踱来踱去 duólái-duóqù

想来想去 xiǎnglái-xiǎngqù

7. 不A不B

不慌不忙 bùhuāng-bùmáng

不卑不亢 bùbēi-bùkàng

不明不白 bùmíng-bùbái

不闻不问 bùwén-bùwèn

不偏不倚 bùpiān-bùyǐ

不紧不慢 bùjǐn-bùmàn

不管不顾 bùguǎn-bùgù

不理不睬 bùlǐ-bùcǎi

不折不扣 bùzhé-bùkòu

不上不下 bùshàng-bùxià

四 词汇搭配的方法

1. 要理解词义，认真辨析，弄清楚词语的使用对象

例如："改进"和"改正"。

这两个词都有"改"的意思，"改进"是"改变旧有的情况，使其有进步"，"改正"是"把错误的改为正确的"。搭配时，就要注意，"改进"与"方法""作风""技术"搭配，"改正"与"错误""缺点"搭配。

理解了词的含义，认真辨别词与词的差别，搭配后的词语才能合情合理，恰当准确。

2. 词语搭配要合乎日常生活习惯

例如："剧烈"和"激烈"。

其中"剧烈"是猛烈的意思，"激烈"是动作、言论等剧烈的意思，它们是一组近

义词。人们习惯上说，“剧烈的运动”“剧烈的疼痛”“激烈的争论”“激烈的战斗”，如果说成“剧烈的战斗”“激烈的疼痛”就不可以。

在考虑几个词能不能配合的时候，不仅要看意义上讲得通不通，还要看习惯上有没有这样的说法。

3. 要注意语法关系

例如：我从小出生在一个教师家庭。

出生，是指胎儿从母体中分离出来的过程，不能用“从小”修饰，应该把“从小”删除，或把“出生”改为“生长”。

巩固练习

1. 辨别每组词中的普通话词语（注意：下列每组词语表达同一概念）

①洋葱	洋葱头	②讨好	巴结
③很好	蛮好	④上衣	上装
⑤肉丸子	肉圆	⑥姜	生姜
⑦香皂	香肥皂	⑧泡汤	落空
⑨地基	地脚	⑩脚劲	脚力

2. 结合下列词语的构成方式，指出下列短语分别属于哪类短语

仓储管理（　　）	柔性材料（　　）	上游节点（　　）
存储单元（　　）	即时配送（　　）	技术方法（　　）
电子标签（　　）	货物灭失（　　）	统一调度（　　）
物流成本（　　）	应急物流（　　）	反向物流（　　）
最终用户（　　）	包装模数（　　）	自营仓库（　　）
相应费用（　　）	资金管理（　　）	厢式货车（　　）
自主经营（　　）	自行管理（　　）	货物交接（　　）
换算单位（　　）	突发事件（　　）	促进销售（　　）
延迟策略（　　）	商品展示（　　）	班轮运输（　　）
滚装船舶（　　）	滚装运输（　　）	进料加工（　　）
运输方式（　　）	拣货作业（　　）	库存周期（　　）

3. 以下名词应分别与哪些量词搭配

一（　　）茶壶	两（　　）著作	三（　　）球拍
四（　　）牙齿	五（　　）种子	六（　　）绸缎
三（　　）唱片	几（　　）报社	两（　　）学校
五（　　）冰棍儿	十（　　）白菜	七（　　）马

拓展训练

1. 连线题（请将下列结构方式相同的短语连起来）

①龟兔赛跑	编码方案
②花好月圆	节约能源
③配送中心	存货控制
④好得很	责任义务
⑤喜欢晴天	送出去

2. 组织一次词语串烧活动

全班同学分成四组，第一组写“谁”，第二组写“什么地方”，第三组写“怎么样地”，第四组写“干什么”。然后从每组中任意抽取一个同学的，连起来读。

任务考核

任务 1　词汇搭配考核评分表

评价主体	评价项目与内容	评价分值（分）				
		10	7	5	3	1
学生自评	1. 辨别单纯词和合成词					
	2. 分辨合成词的构成方式					
	3. 能正确使用合成词					
	4. 能指出短语的类型					
学生互评	1. 普通话语音标准					
	2. 课堂表现积极、乐于学习					
	3. 能正确使用短语					
教师点评	1. 普通话声母、韵母、声调准确					
	2. 短语类型归类正确					
	3. 词语表达规范，使用正确					
总分						

任务 2 语法结构

学习目标

1. 掌握主谓句和非主谓句的句型特点，掌握句子的构成成分。
2. 能够熟练地运用标识符号划分汉语的句子成分。
3. 培养快速获得语言信息的能力，感受语言的魅力。

知识内容

一 语法结构概述

语法是语言组合的规律和规则。从语言单位大小的角度看，语言可以分成由小到大的五级单位，即语素、词、短语、句子、句群。使用语言，就是把较小的语言单位组合成较大的语言单位，用它来表达思想，进行交际，而组合语言单位，人们必须共同遵守语言的组合规律和规则。

语素和语素、词和词、短语和短语、句子和句子组合起来就构成一定的关系——结构关系，或者事理关系。由较小的语言单位一层一层地组合成较大的语言单位，就形成一定的层次——结构层次。因此，一个较大的语言单位（如句子）都具有一定的结构层次和结构关系。

二 句子的分类

句子是语言运用的基本单位，它由词、词组（短语）构成，能表达一个完整的意思。在口头表达上有一个较长的停顿，在书面上用句号、问号或感叹号来表示。句子分为单句和复句。

1. 从结构上分

从结构上分，单句有主谓句和非主谓句之分。由主谓短语构成的单句称为主谓句。从表达的角度看，主谓句中谓语的表达作用更重要。由其他短语或单个词构成的单句称为非主谓句。例如：

某公司感到运作成本太高。（主谓句）

禁止吸烟！（非主谓句）

2. 从用途上分

从用途上分，单句分为陈述句、疑问句、祈使句、感叹句。

陈述句：叙述一件事情，或做出一个判断，表示陈述语气的句子，句末用句号。例如：

物流的另一个目标就是寻求持续不断地提高物流质量的方法。

疑问句：提出疑问的句子，句末用问号。例如：

好味道快餐连锁公司的配送存在哪些问题？

祈使句：表示禁止、命令、请求语气的句子。句末用句号，语气强烈时，也可用感叹号。例如：

让服务成就信仰。

感叹句：表示强烈感情的句子，句末用感叹号。例如：

多么平静的原野！

三 句子的结构

（一）句子成分

短语的成分主要有主语、谓语、宾语、补语、定语、状语，短语带上语气语调就构成句子，构成句子的短语的成分也就是句子的成分。在一个比较完整的主谓句中，句子中各种成分之间的关系一般是：

〔状语〕+（定语）+主语‖+〔状语〕+谓语〈补语〉+（定语）+宾语

句子成分划分的符号：

主语＝，谓语—，宾语～，定语（ ），状语〔 〕，补语〈 〉。

句子的成分可以用下面线条符号的形式标示出来：

（我国传统的）物流‖〔已经〕不能满足（经济发展的）需要。

“‖”前边是主语，后边是谓语。

1. 主语

主语是谓语陈述的对象，指明说的是“什么人”或“什么事物”。

（1）有时主语由名词性词语充当，包括名词、数词、名词性的代词和名词性短语，多表示人或事物。作为被陈述的对象，在句首能回答“谁”或者“什么”等问题。这种句子可以叫作名词主语句。例如：

①消费者可以七天无理由向商家退货。主语（名词）

②今天晚上‖特别冷。主语（偏正短语）

③明天这个时候，我们‖就可以收到货物了。主语（代词）

（2）有时主语也可以由动词、动词性短语、形容词性短语、主谓短语充当。这是以动作、性状或事情做陈述的对象。例如：

①笑‖是具有多重意义的语言。主语（动词）

②公正廉洁‖是公职人员行为的准则。主语（形容词性短语）

2. 谓语

谓语是陈述主语、说明主语的。说明主语“是什么”或“怎么样”。

谓语通常由动词性词语充当，在一定条件下也用名词性短语、形容词短语、主谓短语充当谓语，谓语的主要作用是对主语的叙述、描写或判断，能回答主语“怎么样”或“是什么”等问题。认准谓语中心语以及它跟前后各成分的结构关系和意义关系十分重要。

（1）动词经常做谓语。例如：

①宏远物流公司‖进一步缩减积压库存。谓语（动词）

②我‖最近去了一趟北京。谓语（动词）

（2）形容词也经常做谓语。例如：

①太阳‖热烘烘的。谓语（形容词）

②人参这种植物，‖娇嫩极了。谓语（形容词）

（3）主谓短语做谓语。例如：

①这件事‖大家都赞成。谓语（主谓短语）

②任何困难‖她都能克服。谓语（主谓短语）

③大家的事情‖大家办。谓语（主谓短语）

（4）名词性词语做谓语。这种情况很少见，有一定的条件限制，可参考文言文中的判断句。例如：

①鲁迅‖浙江绍兴人。谓语（名词短语）

②明天‖国庆节。谓语（名词）

③她‖大眼睛。谓语（偏正短语）

3. 宾语

宾语在谓语后面，表示动作、行为涉及的人或事物，回答“谁”或“什么”一类问题。

（1）名词性宾语。这种情况较普遍，多数名词都可作宾语。例如：

①宏远公司制定了2024年的经营策略。（名词性短语作宾语）

②他每天要交一篇新闻稿。（名词作宾语）

（2）动词性宾语。有些动词出现在动词后面作宾语，如：是、感到、加以、认为、觉得、希望、企图、建议、允许、提议、给予等。例如：

①最有效的防御手段是进攻。（动词作宾语）

②他的先进事迹应给予表扬。（动词作宾语）

（3）有一部分短语、句子也可以作宾语，如名词性短语、主谓短语等。例如：

①谁说女子不如男？（主谓短语作宾语）

②早上一起床，大家发现风停了。（主谓短语作宾语）

（4）有的动词能够支配两个宾语，称为双宾语。例如：

①我给你们俩十朵玫瑰花，给你紫红的，给她粉红的。（近宾 远宾）

②大家都叫她祥林嫂。（近宾 远宾）

（5）有时宾语还带有自己的谓语，这样的宾语称为兼语，相当于主谓短语作宾语。例如：

①他们选我当销售部长。

②总经理请你去汇报工作。

4. 定语

定语是用来修饰、限定、说明名词或代词的品质与特征的。例如：

①那（沉甸甸）的稻谷，像一垄垄（金黄）的珍珠。

②雪野中有（血红）的宝珠山茶，（白中隐青）的（单瓣）梅花。

助词“的”：定语和中心语的组合，有的必须加“的”，有的不能加“的”，有的可加可不加。单音节形容词作定语，通常不加“的”，如红花、绿叶、新学校、好主意等。双音节形容词作定语，常常加上“的”，特别是用作描写状态的词，如晴朗的天、优良的传统、动听的歌声、粉红的脸等。例如：

①（他的）观点被领导采纳了。（必须加“的”）

②朋友送了我（很多）礼物。（不能加“的”）

③（小张）桌子上有一本物流方面的书。

（小张的）桌子上有一本物流方面的书。　（可加可不加“的”）

④那个戴（蓝）头盔的青年出了一个（好）主意。（单音节形容词作定语，通常不加“的”）

⑤那个长得（胖胖的）男生是某快递公司的一名骑手。（双音节形容词作定语，常常加上“的”）

5. 状语

状语是动词或形容词前面的连带成分，用来修饰、限制动词或形容词，表示动作的状态、方式、时间、处所或程度等。

在句子中状语（主要由副词充当，还可由时间名词、能愿动词、形容词、介词短语、量词短语及其他一些短语充当）一般放在主语后面，一些表示时间、处所、范围、情态、条件、关涉对象或者语气的状语有时还可以出现在主语前面，特别是有的介词短语（如由“关于”组成的介词短语）做状语，只能出现在句子前头。

（1）描写性状语：主要修饰谓语，有些是描写动作状态，有些是限制或描写人物情态。例如：

①他〔突然〕出现在大家面前。

②小李〔很高兴地〕对我说。

（2）限制性状语：主要表示时间、处所、程度、否定、方式、手段、目的、范围、对象、数量、语气等。例如：

①〔午后〕，天很闷，风很小。

②他〔白〕跑一趟。（方式）

③她的身上〔净〕是水。（净=全，表范围）

（3）助词“地”是状语的标志，有些双音节副词加不加“地”均可，如“非常热，非常地热”；双音节形容词有相当一部分加不加都可以。例如：

①他〔仔细〕核对发货单。

②他〔仔细地〕核对发货单。

6. 补语

补语是动词或形容词后面的连带成分，一般用来补充说明动作、行为的情况、结果、程度、趋向、时间、处所、数量、性状等。补语有以下几种情形。

（1）结果补语。表示动作、行为产生的结果，与中心语有因果关系，补语常用的是形容词，少数用动词。例如：

①这个字写〈错〉了。

②她哭〈红〉了双眼。

③出发前十分钟你得叫〈醒〉我。

（2）程度补语。程度补语很少，限于用“极、很”和虚义的“透、慌、死、坏”等，表示达到极点或很高的程度，也可以用量词短语“一些、一点”表示很轻的程度。谓语中心语多是形容词。例如：

①心里痛快〈极〉了。

②这几天真是烦〈透〉了。

③比上次要好〈一点〉。

（3）状态补语。表示由于动作、性状而呈现出来的状态。中心语和补语中间都有助词“得”。例如：

①有的同学对许多问题想得〈太简单，太浅〉。

②讲的人讲得〈眉飞色舞〉，听的人听得〈津津有味〉。

③他高兴得〈眼泪都流出来了〉。

（4）趋向补语。表示动作的方向或事物随动作而活动的方向，用趋向动词充当。例如：

①所有的同学都坚持〈下来〉了。

②人绝不能轻易把生命交〈出去〉。

（5）数量补语。表示动作发生的次数，动作持续的时间，或者动作实现以后到目前所经历的整段时间。例如：

①看了〈几遍〉。

②等了〈一会儿〉。

③来了〈两个月〉。

（6）时间、处所补语。多用介词短语来表示动作发生的时间和处所，包括表示动作的终止地点。例如：

①她生〈在南涧〉。

②这件事发生〈在 2021 年〉。

（7）可能补语。这种补语的中心语主要是动词，也有少数是形容词。补语有两种：一种是用“得”或“不得”充当，表示动作结果能实现或不能实现；另一种是在结果补语或趋向补语和中心语之间插进“得/不”，表示动作的结果、趋向可能不可能实现。例如：

①这个东西吃〈得〉吃〈不得〉？

②作业一定要认真做，马虎〈不得〉。

③看〈得〉清楚，看〈不〉清楚？

（二）句子的主干

在句子中主语、谓语、宾语是句子的主干部分，它表达句子的主要意义，补语、定语、状语是句子的枝叶部分，它使得句子所表达的意义更具体、形象。

找出句子的主干，就是找出主语、谓语、宾语的中心语。例如：

①现代物流业是一个基于信息化和网络化的高新技术产业。

主干是：物流业是产业。

②计算机技术和信息技术的发展有力地推动了现代物流的发展。

主干是：发展推动了发展。

值得注意的是，在否定句中，作状语的否定副词“不、没有”等不能去掉，否则意义就会完全相反，即句子的主干 = 主语中心语 +（否定词）谓语中心语 + 宾语中心语。例如：

③物流托运收费标准不是很高。

主干是：收费标准不是很高。

（三）独立语

句子里的某个实词或短语，跟它前后的词语没有结构关系，不互为句子成分，但又是句意上所必需的成分，这就是独立语。它的位置较为灵活，句首、句中、句末均可。充当独立成分的，有的是一个词，有的是短语。

1. 插入语

插入语的作用是使句子严密化，补足句意，包括说话者对话语的态度，或引起听话者的注意。

（1）表示肯定，或强调，或特别值得注意。例如：

毫无疑问、不可否认、不用说、十分明显、尤其是、主要是、特别是

（2）表示对情况的推测和估计。例如：

看来、算起来、我想、充其量、少说一点

（3）有时为了表达这种推测或估计不是说话者做出的，只不过是引用别人的意思。例如：

听说、据说

（4）有时说话者希望听话一方接受自己的见解，又不愿用一种强调的语气。例如：

请看、你想、你瞧、你说

（5）点名下文是对上文归总而来的结论，或者指出由此及彼，说明另外的事情，这种词语有承上启下的作用，能使上下文更好地连接起来。例如：

总之、综上所述

（6）还有一些是表示注释、补充、举例的。例如：

也就是、包括、正如

2. 称呼语

用来称呼对方，引起注意。例如：

您来啦，老师。

3. 感叹语

表示感情的呼声，如惊讶、感慨、喜怒哀乐等感情和应对等。例如：

啊，多么令人兴奋啊！

4. 拟声语

模拟事物的声音，进行生动形象的描写，以加强表达效果。例如：

呼——呼——狂风夹着沙石扑来了。

砰，砰，门外响起了枪声。

（四）句子成分划分步骤

（1）先把句子一分为二，划出主语、谓语两部分。

（2）再找出主语、谓语的中心语。

（3）接着划出宾语部分。

（4）再接着找出宾语中心语。

（5）最后找出定语、状语、补语。

巩固练习

1. 给下列句子划分句子成分（用符号标示）

（1）快递是实现电子网购实物配送的主要方式。

（2）同学们对物流产业现状及未来有了更多的认识。

（3）快递延误和丢件一直都是近年来用户投诉的焦点问题。

（4）铁路运输一直都是以垄断的方式进行运营的。

（5）这些车站都可以充当组织物流活动以及提供相关物流服务的关键场所。

（6）中国物流产业成为国民经济中的一个重要组成部分和新的经济增长点。

2. 阅读下面一段文字，找出方位词，并指出在句中充当的语法成分

客厅也很小巧，没有什么装饰。除掉好些沙发椅之外，正中一个小圆桌，陈着一盆雨花台的文石，这文石的宁静、明朗、坚实、无我，似乎也象征着主人的精神。西侧的壁炉两旁，北面与食厅相隔的左右腰壁上，都有书架式的壁橱。

3. 说出符合普通话说法的句子（注意：下列每组说法表达同一意思）

①A. 他比你不上。　B. 他比不上你。

②A. 火车快来了。　B. 火车快到了。

③A. 时间太晚，超市打烊了。　B. 时间太晚，超市关门了。

④A. 水桶，你提过来。　B. 你把水桶提过来。

⑤A. 这本书我看过。　B. 这本书我有看过。

拓展训练

1. 按照要求，把下面的三句话改写成一句话，并保留原有信息（可酌情增减词语）。

《红楼梦》是我国古代伟大的长篇小说。

曹雪芹是长篇小说《红楼梦》的作者。

封建制度的黑暗腐朽和没落被《红楼梦》揭露了。

①以《红楼梦》为主语。

②以曹雪芹为主语。

2. 下面是美国著名演说家卡耐基的一句名言，但是译文太长，读起来有些拗口，在不改变原意的前提下，把它改写成三个句子。

一个真心对别人感兴趣的人在两个月内所交到的朋友比一个一心只想让别人对自己感兴趣的人在三年内所交到的朋友还要多。

3. 从前，有个为富不仁的老财主，对长工、伙计甚至教书先生都非常恶毒，不但一日三餐少米缺油，就连讲好的工钱也要克扣赖账。伙计们极为不满。这一年过年，老财

主请来教书先生说："请你写副春联，要显示我店酒好、醋酸、猪肥、人丁旺，店里又没有老鼠。写得好，我送 10 两银子润笔。"这教书先生素知财主为人，总想借机戏弄他一番。经过一番考虑，决计在"断句"上弄点笔墨，显显书生本事，于是写道：

上联：养猪大如山老鼠头头死

下联：酿酒缸缸好造醋坛坛酸

横批：人多病少财富

请你给上面这副对联断句。

任务考核

任务 2　语法结构考核评分表

评价主体	评价项目与内容	评价分值（分）				
		10	7	5	3	1
学生自评	1. 能区分主谓句和非主谓句					
	2. 能区分陈述句、疑问句、祈使句、感叹句					
	3. 能正确划分句子成分					
	4. 能找出句子的主干					
学生互评	1. 普通话语音标准					
	2. 课堂表现积极、乐于学习					
	3. 能缩写和扩写句子					
教师点评	1. 句子成分划分正确					
	2. 句子表达符合普通话要求					
	3. 缩写和扩写句子符合语法要求					
总分						

任务3 语音发声技巧

学习目标

1. 了解诵读的语音发声技巧，掌握正确的呼吸、共鸣和吐字归音技巧训练。

2. 能够正确运用呼吸、共鸣和吐字归音等语音发声技巧进行普通话诵读。

3. 运用语音发声技巧，提升诵读的表现力，以强化情感、渲染情绪，生动传神地表现诵读内容的主题思想。

知识内容

语音，简而言之，就是指语言的声音，是语言的物质材料，是人的发音器官发出的代表一定意义的声音，准确的普通话语音是圆润流畅表达的基础。掌握普通话诵读的呼吸、共鸣和吐字归音三方面技巧的训练能提高有声语言的表现力，增强语音发声的可塑性和适应性，有助于物流普通话的音韵魅力和良好表达。

一 呼吸技巧

普通话诵读也需要用气吗？诵读怎样才能解决没底气的问题？怎样读才能有力度？可能很多同学都会产生这样的疑问。有的人说话底气十足、声如洪钟，有的人说话气短声虚、有气无力。“气动则声发”“气乃音之帅”，气息就像是声音的“原动力”，每个人开口说话都离不开气息的运用，气息和声音的关系非常密切，学会轻松自如地控制自己的呼吸对于诵读语音发声是至关重要的环节。

诵读发声取决于科学的呼吸训练，呼吸包括呼气和吸气，呼气时用嘴，做到匀、缓、稳，要求控制两肋，使腹部有一种压力，将气均匀地往外吐，切忌一下把气放出使胸、腰塌瘪，而是把小腹一直坚持收住，努力控制胸部和腰部慢慢呼出气来；吸气时用鼻子，做到快、静、稳，做到扩展两肋，向上向外提起，感到腰带渐紧，特别是后腰，有向后撑开的感觉，不要提肩，也不要让胸部塌下去，横膈膜下压腹部扩大胸腔体积，小腹向中心收缩，胸廓、大腹、腰部同时扩张，气贯丹田。这样的呼吸方法可以进气快、到位深、运气长、好控制，达到“吸气一大片，呼气一条线，气断情不断，声断意不断”的效果。

（一）慢呼慢吸训练

要求站稳，头正肩松，双目平视前方，深吸气，顿觉腰肺气满，气入丹田，保持几秒时间，然后轻缓地呼出，随着呼出的气进行相应的发声训练。进行缓慢而均匀的呼吸训练，从中我们可以体会用腹肌控制呼吸的方法，注意心态平稳、精神饱满、长期坚持、持之以恒。

1. 闻花香练习

假设面前有一盆花，闻鲜花，深吸花香，控制一会儿后缓缓吐出。吸气时，身体站直，双手自然下垂，头正肩松；呼气时，伸出手臂，手心对准口腔，通过手心感觉呼气是否均匀。

2. 数数练习

一口气从一数到十，往复循环，一口气能数多少遍就数多少遍，注意吐字清晰响亮、气息平稳。

3. 气运丹田练习

呼气时均匀出声，练习“咦”“啊”“嗯”，先低声，再高声。练习时，小腹收缩，胸腰扩张，舌、下颚均放松。发声时两手轻按两肋，如出声时感到两肋发胀就是用上丹田气了。

（二）快吸慢呼训练

快速短促地深吸气，保持气息 3 秒后，缓缓呼出，配合声音，平稳均匀。如：想象一位久别的很要好的朋友，突然出现在你面前，你惊奇地倒抽一口气，几乎喊叫出来，就停止在这种状态上，几秒后，仿佛有一股外部的力量将小腹向后推压，感到小腹在与这股外来力量的对抗中，气息缓缓呼出。这就是快吸慢呼，可以训练蓄气控气的能力。

（1）咬牙呼气练习。咬住牙，深吸一口气后，从牙缝中发出“嗞……”声，力求平稳均匀持久，达到 25 ~ 30 秒为合格。

音节发声练习：罢 拔 把 粑 滴 达 抵 妲

夸大上声练习：郝 美 满 响 养 敞

（2）吹蜡烛练习。模拟吹灭生日蜡烛，深吸一口气后均匀缓慢地吹，尽可能时间长一点，达到 25 ~ 30 秒为合格。

（3）绕口令练习。用绕口令或近似绕口令的语句练习气息，一口气说完绕口令，注意节省气息，吐清字音。

出东门，过大桥，大桥前面一树枣。拿着杆子去打枣，青的多，红的少。一个枣，两个枣，三个枣，四个枣，五个枣，六个枣，七个枣，八个枣，九个枣，十个枣；十个枣，九个枣，八个枣，七个枣，六个枣，五个枣，四个枣，三个枣，两个枣，一个枣。上面是一则绕口令，一口气说完才算好。

（三）换气补气训练

换气补气是在语音发声过程中，当气息不能满足需要时，在句子之间或句子之中补充气息的过程。换气补气不是停止再读或明显稍顿再接着读，而是在吞吐字音的瞬间，乘便呼吸，蓄气待换。换气补气训练可以通过练习长句子或播报人名单，体会感受换气和补气。

（1）换气练习：物流仓库，堆满快递，看你能数多少快递，一个快递，两个快递，三个快递，四个快递……十个快递……三个快递，两个快递，一个快递。

（2）播报人名练习：延长时值播报人名，“李～黎～晨～～王～蓉～蓉～～吴～军～～……”

（3）练习下面的绕口令，体会感受换气和补气（有“V”处换气，无“V”处的顿号、逗号只做声音停顿）。

望星空，满天星，V 光闪闪，亮晶晶，V 好像那，小银灯，V 大大小小，密密麻麻，闪闪烁烁，V 数来数去，数也数不清。V 仔细看，看分明，V 原来那群星分了星座还起了名。V 按亮度，分了等；V 一等、二等、三等、V 四等、五等、六等一共分六等。V 谁最亮，是一等，谁最暗，是六等，V 一等到六等，V 总共不过 6900 多颗是恒星。V 星空中，V 还能看见那大行星，和卫星，V 小行星，和彗星，V 更有那无数无名点点繁星看不清。V 要想看清它，V 请你借助现代化的天文望远镜。

（四）强控制训练

强控制训练要求气要吸得深并保持一定量，气不够喉咙会紧张，呼气要均匀、通畅、灵活，发声的时候气息应该下沉。可以模仿《智取威虎山》里杨子荣喝酒唱歌时最后结尾“啊——哈～哈～哈～哈～哈～哈”进行反复练习。

（五）弱控制训练

弱控制训练是一种吸气深、呼气匀、控制气息、扩展音域的训练。包括：

（1）吸气深呼气匀，如缓缓持续地发出 ai uai uang iang 四个音。

（2）夸大声调，延长发音，控制气息，如花红柳绿 h～～uā h～～óng l～～iǔ l～～ǜ（发音时，声母和韵母之间气息拉长，要均匀、不断气）。

（3）通过夸大连续，控制气息，开展音域。参考练习诗词：李白的《静夜思》《将进酒》，孟浩然的《春晓》等。

二 共鸣技巧

人们在进行语音发声时，当气流冲击声带发出声音〔喉原音〕后，通过口、咽、喉、鼻、头、胸、腹等腔体产生了声波的共振，原来微弱细小的声音得到美化和扩大，发出圆润、明亮的声音，这就是我们所说的共鸣。

要想使说话或者诵读的声音好听和持久，就要正确、巧妙地运用共鸣，以口腔共鸣为主，以胸腔共鸣为基础，同时也略带上一点鼻腔共鸣，这样能使语音发声变得圆润响亮、清晰有力，富有穿透力，而运用共鸣的关键在于处理好“畅”与“阻”的对立和统一关系。所谓“畅”，就是整个发音的声道必须畅通无阻，胸部舒展自如，喉部放松滑润，脊背自然伸直，以便声音不憋不挤，形成一个声柱流畅地奔涌出来；所谓“阻”，并不是简单地把声音阻挡住，而是不让声音直截了当地通过声道奔涌出来，让它通过共鸣腔体加工、锤炼，变得洪亮、圆润、雄浑、优美动听。要处理好“畅”与“阻”的关系，获得理想的共鸣效果，首先要注意各发声器官的协调配合，找到正确的共鸣技巧和训练方法。

（1）“heng”音唱歌。放松喉头，用“heng～～heng”音唱歌，把“heng”放置在叹气的呼吸状态，把哼唱时嘴巴能否灵活动作作为合格的考核标准。

（2）学鸭叫声。挺软腭，口腔张开成一圆筒，边发“嘎嘎”音，边仔细体会揣摩，共鸣运用得好，“嘎嘎”音圆润好听；共鸣运用得不好，“嘎嘎”音枯燥刺耳。

（3）学牛叫声。类似面对面交谈和打电话沟通时的常用的应答“嗯”，“嗯”（用升调，惊讶的口气表示“什么？”）和”“嗯”（用降调，表示“明白了”）。

（4）牙关大开合，同时发出“啊”音。

（5）模拟汽笛长鸣声“嘀”。“嘀”既可平行发音，也可由大到小或由小到大地变化发音。

（6）做扩胸运动，同时尽量发高亢或低沉的声音 。

（7）“气泡音”练习。闭嘴，用轻匀的气流冲击声带，使之发出细小的抖动声。

（8）音阶层练习。选一句话，在本人音域范围内，先用低调说，一级一级地升高，然后又一级一级地下降，再一句高一句低，高低交替，一句话由高到低，再由低到高。练习时，注意声音的高低、强弱、虚实、刚柔、厚薄、明暗等变化。

（9）夸张四声练习。选择韵母因素较多的词语或成语，运用共鸣技巧做夸张四声的训练。如：百——炼——成——钢——，翻——江——倒——海——；明——德——崇——技——，笃——行——励——志——。

（10）大声呼唤练习。假设某人在离自己 100 米处，大声呼唤：张——师——傅——，快——回——来——！喂——，那——里——危——险——，快——离——开——！

三 吐字归音技巧

吐字归音是普通话诵读必须训练的一项重要的基本功。要使发出的声音成为人类表达思想感情的交际工具，吐字归音是关键的一环。根据普通话语音特点，将一个音节的发音过程分为“出字”“立字”“归音”三个阶段，要求出字要准确有力，有叼住弹出之感；立字要拉开立起，明亮充实，圆润饱满：归音趋向要鲜明、迅速“到家”，干净利索。通过对每一阶段的精心控制，使吐字达到清晰有力、珠圆玉润的境界。吐字归音实际上是讲究口腔发音的控制，字在口腔内形成，口腔是人类语言的制造场。加强对口腔开合、舌、唇和腭的训练，掌握科学的吐字归音的方法，克服日常生活中言语的不良习惯，使我们的发声“字正腔圆”，更为优美动听，更好地达意传情。

1. 口腔开合练习

（1）提起下颚肌反复咀嚼，以加强两腮的咬劲。

（2）放松下巴，可使用手扶住放松而微收的下巴，使其固定；缓缓抬头以打开口腔，再缓缓地低头以闭合，体会下巴放松的感觉。

（3）以发“a”音的感觉为基础，带动各种音节的发音。因为在所有音节中，带 a 的音节开口度最大。以开带闭，以宽带窄，是把握打开牙关的重要方法。可单练如下音节：

lā（拉）　lái（来）　lán（兰）　lǎo（老）　làng（浪）

在此基础上，可练习这样的诗句或绕口令：

①蓝蓝的天上白云飘，白云下面马儿跑。

②碧玉妆成一树高，万条垂下绿丝绦。不知细叶谁裁出，二月春风似剪刀。

③远上寒山石径斜，白云生处有人家。停车坐爱枫林晚，霜叶红于二月花。

④白石塔，白石搭，白石搭白塔，白塔白石搭，搭好了白石塔，白塔白又大。

2. 舌的练习

（1）增强舌体活动的灵活性和弹动力。弹舌——舌尖上翘，快速反复弹上齿下缘。刮舌——舌尖放在下齿背，上齿接触舌前部；舌前部逐渐挺起，将口腔撑开；上齿沿中纵线从前往后刮动。卷舌——将舌头伸出口外，使舌前端呈尖形，向上卷回。立舌——略张口，使舌在口腔内向左边立起，再向右边立起。转舌——闭唇，舌尖置于齿外唇内，舌尖在唇内齿外转动。

（2）发音练习。用短促、有力的声音连续发 de ~ te ~ ne ~ le ~，舌的相应部分要有一定力度。

3. 唇的练习

（1）撮唇。开小口，轻提颧肌将唇撮合，再展开，反复动作。

（2）转唇。合口噘唇，沿上、左、下、右方向转动，再反方向转，反复转动。

（3）双唇打响。闭口提颧肌，上唇向中间缩，力量集中于上唇中部，反复发不带元音的 b、p，有清晰的爆破声。

（4）发音练习。可练习带双唇音的单音节：如 ba、pa、ma、fa，发音要短促、有力。

（5）绕口令练习。

张伯伯，李伯伯，饽饽铺里买饽饽，张伯伯买了个饽饽大，李伯伯买了个大饽饽。拿回家里喂婆婆，婆婆又去比饽饽，也不知是张伯伯买的饽饽大还是李伯伯买的大饽饽。

4. 腭的练习

（1）挺起软腭可以夸张吸气、半打哈欠的状态来体会。打开牙关，提起上腭，使软腭有一种撑起的感觉，然后慢慢闭拢。

（2）挺起软腭，发单元音 a、o、e、i、…：然后垂下软腭，发这六个鼻化元音，辨别口音与鼻化音的不同色彩，以加强口音色彩的训练，纠正鼻化音（普通话没有鼻化音）。

（3）发声练习，保持软腭挺起状态，发 gài（盖）、hǎo（好）的延长音，以加强软腭的控制力。在此基础上可练习绕口令，发声要饱满、不要求快。

巩固练习

一 词条正音练习

自主 zìzhǔ	支柱 zhīzhù	摘花 zhāihuā	栽花 zāihuā
木材 mùcái	木柴 mùchái	推辞 tuīcí	推迟 tuīchí
私人 sīrén	诗人 shīrén	司机 sījī	世纪 shìjì
懒人 lǎnrén	难忍 nánrěn	牛郎 niúláng	浏览 liúlǎn
明德崇技 míngdé-chóngjì		笃行励志 dǔxíng-lìzhì	

二 语句诵读练习

1. 当雄鸡在那遥远的东方高唱的时候，中华民族腾飞的捷报一定会频频传扬，中国人民一定会用自己的智慧和汗水写满今天的成绩，铸就明天的辉煌！

2. 悄悄的我走了正如我悄悄的来，我挥一挥衣袖，不带走一片云彩。

3. 当我把你看见和听见——我浑身便激动起来，我整个的心灵在发热，我整个的心灵在燃烧。

4. 美哉，我少年中国，与天不老！壮哉，我中国少年，与国无疆！

5. 登三门，向东海：问我青春何时来？何时来啊，何时来？

三 语篇综合练习

我爱这土地

艾青

假如我是一只鸟，（慢呼慢吸）
我也应该用嘶哑的喉咙歌唱：
这被暴风雨所打击着的土地，（快呼慢吸）
这永远汹涌着我们的悲愤的河流，
这无止息地吹刮着的激怒的风，
和那来自林间的无比温柔的黎明……

——然后我死了，（慢呼慢吸）
连羽毛也腐烂在土地里面。

为什么我的眼里常含泪水？（快呼慢吸）
因为我对这土地爱得深沉。

拓展训练

一 绕口令练习

1. 红饭碗，黄饭碗，红饭碗盛满饭碗，黄饭碗盛饭半碗。黄饭碗添了半碗饭，红饭碗减了饭半碗。黄饭碗比红饭碗又多半碗饭。

2. 哥挎瓜筐过宽沟，赶快过沟看怪狗，光看怪狗瓜筐扣，瓜滚筐空哥怪狗。

3. 梁上两对倒吊鸟，泥里两对鸟倒吊。可怜梁上的两对倒吊鸟，惦着泥里的两对鸟倒吊，可怜泥里的两对鸟倒吊，也惦着梁上的两对倒吊鸟。

4. 白猫黑鼻子，黑猫白鼻子；黑猫的白鼻子，碰破了白猫的黑鼻子，白猫的黑鼻子破了，剥了秕谷壳儿补鼻子；黑猫的白鼻子不破，不剥秕谷壳儿补鼻子。

5. 三月三，小三去登山；上山又下山，下山又上山；登了三次山，跑了三里三；出了一身汗，湿了三件衫；小三山上大声喊，离天只有三尺三。

二 诗词朗诵

山坡羊·潼关怀古

（元）张养浩

峰峦如聚，波涛如怒，山河表里潼关路。
望西都，意踌躇。伤心秦汉经行处，宫阙万间都做了土。
兴，百姓苦；亡，百姓苦。

沁园春·雪

毛泽东

北国风光，千里冰封，万里雪飘。
望长城内外，惟余莽莽；
大河上下，顿失滔滔。
山舞银蛇，原驰蜡象，
欲与天公试比高。
须晴日，看红装素裹，分外妖娆。
江山如此多娇，引无数英雄竞折腰。
惜秦皇汉武，略输文采；
唐宗宋祖，稍逊风骚。
一代天骄，成吉思汗，
只识弯弓射大雕。
俱往矣，数风流人物，还看今朝。

任务考核

任务 3 语音发声技巧考核评分表

评价主体	评价项目与内容	评价分值（分）				
		10	7	5	3	1
学生自评	1. 掌握正确的语音发声技巧					
	2. 能够运用呼吸技巧进行发声					
	3. 能够运用吐字归音技巧进行诵读发声					
	4. 能够运用共鸣技巧进行语音发声					

续表

评价主体	评价项目与内容	评价分值（分）				
		10	7	5	3	1
学生互评	1. 乐于助人，善于团队合作					
	2. 课堂表现积极、乐于语言学习					
	3. 普通话语音发声技巧娴熟运用					
教师点评	1. 掌握正确的呼吸、共鸣和吐字归音技巧					
	2. 灵活运用语音发声技巧进行诵读					
	3. 诵读发声准确流畅，刚柔虚实变化自如					
总分						

任务 4 节律处理技巧

学习目标

1. 了解普通话诵读的节律处理技巧，掌握正确的停顿、重音、节奏和句调等节律技巧训练。

2. 能够正确运用停顿、重音、节奏和句调等节律处理技巧进行普通话诵读。

3. 提升诵读的艺术处理能力，把“节律处理”作为诵读的表现手段加以强调和运用，提高诵读鲜明的节奏感、强烈的体裁感和优美的音乐感。

知识内容

普通话对于提升物流服务效能至关重要。物流普通话诵读必须掌握节律技巧，才能更好地表现内容内在的音韵美和节奏美。节律是普通话诵读的节奏和韵律，它是音节在语流中排列组合体现出的一种均衡、和谐的美，包括停顿、重音、节奏和句调等技巧在普通话诵读中的交替运用，使语言组合既有对比，又有和谐均衡的韵律感。

一 停顿

“下雨天留客天留我不留”，这个流传已久的句子说的就是停顿的作用。类似的句子还有很多，如“我赞成他也赞成你怎么样”“亲爱的爸爸妈妈欢迎您”等，在不同的地方停顿，表达的意思是完全不同的。停顿指人们在进行言语活动时，在词语、句子或段落之间语音上的中断。停顿处理得好，语言才显得间歇有序、节奏自然、层次分明，更准确地传达出语句和段落的意义。当然，停顿也是生理上换气的需要，同时语言上的间歇也能给听者领会、思索和感受的时间。停顿可分为语法停顿、逻辑停顿和感情停顿。

1. 语法停顿

为了表现语法单位之间的语法关系所作的停顿，叫语法停顿。书面上的标点符号表示语法停顿。语法停顿的一般规律是：

（1）较长的主语之后、较长的谓语之前和较长的宾语之前要停。

地震时，我对物流工作者怀有敬意的更重要的原因 \ 却是他们那种敢于逆行的奉献精神。

（2）较长的联合短语和较长的复指短语之间要停，独立语前后要停，表时空的、表情态的全句修饰语之后要停。

商贸物流是与批发、\ 零售、\ 住宿、\ 餐饮、\ 居民服务等商贸服务业 \ 及进出口贸易相关的物流服务活动，是现代流通体系的重要组成部分，是扩大内需 \ 和促进消费的重要载体，是连接国内国际市场的重要纽带。

（3）如果有几个“的”或“地”，前几个“的”或“地”之后可停，离中心语最近的“的”或“地”之后一般不停，但中心语较长时这个“的”或“地”之后可停。

保税物流园区是经政府批准，在保税区规划面积或者毗邻保税区的 \ 特定港区内设立的 \ 专门发展现代国际物流业的海关特殊监管区域。

（4）在“主语 + 是 + 宾语”句式中，表示判断的，主语后可停，“是”之后不停；表示提请注意的，主语后不停，“是”之后可停。

航空货运代理 \ 是以货主的委托代理人身份办理有关货物的航空运输手续的服务方式或经济组织。

最难得的是，\ 物流人用责任和担当、服务与品质、细心与耐心、智慧与创新的优秀品质，诠释了物流人的时代内涵。

2. 逻辑停顿

为了突出某种语意或表达某种感情所作的停顿，叫逻辑停顿。这种停顿没有特定的规律。它因文而异，因人而异。逻辑停顿和语法停顿有时一致，有时不一致。例如：

每年的五月六日是中国物流日。

每年的五月六日是中国物流日。

每年的五月六日是中国物流日。

3. 感情停顿

为了突出某种感情而做出的停顿，叫感情停顿。这种停顿通常出现在感情强烈的地方，诸如兴奋异常、悲哀欲绝、恼怒至极等。一般说来，感情停顿比语法停顿和逻辑停顿的时间长。例如：

她丢下自己的小孙孙，把伤员背进防空洞，而当她再回去抢救小孙孙的时候，//房子已经平了。

二　重音

普通话诵读时，为了更好地表达情感会重读一些词或词组，这些重读的部分称为重音。重音的确定是以语意和情感表达为依据的，有引起注意、突出重点、启发思维的作用，它是正确表达思想内容、真切抒发感情、增强语言节奏感、提高语言表现力的重要手段。根据重音出现的环境和条件，一般分为语法重音、逻辑重音和感情重音三种，用“.”表示。

（一）语法重音

语法重音是根据词、句的语法结构而读出的重音，不带强调色彩。这种重音在语言中体现得很自然，一般没有特殊的感情色彩。语法重音的位置比较固定，常见的规律有如下几种。

1. 词的重音

词的重音就轻重程度可分为轻、中、重三个等级，在朗诵时有一些基本规律可以参考。

两个音节的词有“重轻（中）”和“中重”格式两种。重轻格式，如“学生”；中重格式，如“电脑”。

三个音节的词一般的格式是“中轻重”，例如“橘子皮”；也有“中重轻”格式的，如“野葡萄”。

四个音节的词的基本格式一般有：“中轻中重”，这里的“轻”只是稍轻，不是全轻，如“一言为定”；“中中中重”，如“仁义廉耻”；“中中重轻”，如“冰雪聪明”。

2. 句子的重音

（1）只有主语和谓语成分的陈述句，重音一般在谓语上。如：

学校热闹。

（2）有疑问代词、指示代词的句子，重音一般在疑问代词和指示代词上。如：

谁做报告？

这里是我的家。

（3）“主+谓+宾”结构的句子，重音一般在宾语上。如：

我们学唱歌。

（4）有修饰、限制成分（定语、状语、补语）的句子，重音一般放在修饰、限制成分上。如：

美丽的长沙是我的家乡。

（二）逻辑重音

逻辑重音也叫强调重音，是根据普通话诵读内容的目的和表达意图决定的，每句话里往往有一个关键性的词起着点明语意、突出事物特征的作用，诵读的重音应该放在这个关键词上。逻辑重音不受语法重音的制约，没有一定的规律，在句中没有固定的位置。

每天我打电话给家里报平安。（是我，不是别人）
每天我打电话给家里报平安。（是每天，不是偶尔）
每天我打电话给家里报平安。（是打电话，不是发信息或者其他）
每天我打电话给家里报平安。（是给家里，不是给别人）
每天我打电话给家里报平安。（是报平安，不是做其他事）

（三）感情重音

感情重音也叫心理重音，为了表达强烈感情的需要，对那些为表达感情而起决定作用的词语、句子，甚至整个段落都相应地加重音量。当诵读到激情迸发，需要特别突出某种情感和语意时，刻意对某些词、句，甚至文段，加重语音的强度和色彩，进行适当的艺术处理，作特别强调表达，其作用在于使语言色彩丰富，增添血肉，充满生气，听上去真切感人，有强烈的感染力。它往往与语法重音或逻辑重音重合，这种双重重音就可能读得格外加强。例如下面一段诗里的一些词就可以处理成感情重音：

他活着别人就不能活的人，他的下场可以看到；他活着为了多数人更好地活的人，群众把他抬举得很高，很高。

三 节奏

节奏是指普通话诵读和语言表达时语速快慢急缓的变化，以及音势起伏强弱的流动。受作品基调和思想内容的制约，朗读作品时应注意抑扬顿挫、轻重缓急的不同节奏。恰当地把握朗读的节奏，既能显示有声语言的音乐美感，又能形象地表达作品的意境。有声语言的起伏流动往往呈现出不同状态，因而节奏也就有着不同的特点，不同的节奏特点形成了节奏的基本形态，节奏的基本形态大致有以下几种。

1. 轻快型节奏

音势适中，语流速度稍快，语调多扬少抑，语节少而词的密度大，语气转换显得轻快。多用来表示欢快、欣慰、诙谐的句子。例如：

我爱看天上的一片云，那片白白的、会变的云。瞧它一会儿变成只小黄狗，摇着尾巴，追着太阳跑；一会儿变成只小灰羊，在草原上撒欢儿跳高。

2. 凝重型节奏

语势平稳凝重，语调多抑少扬，多重少轻，音强而有力，词语密度疏，常用来表现严肃的、肃穆的气氛和悲痛、抑郁的情感。例如：

灵车队，万众心相随。哭别总理心欲碎，八亿神州泪纷飞。红旗低垂，新华门前洒满泪。日理万机的总理啊，您今晚几时回？

3. 低沉型节奏

语势多为落潮类，语调多抑，音节较长，声音偏暗。语流速度及转换都显得沉缓，句尾落点大多显得沉重，多用于表达悲哀的心情。例如：

人们心情沉痛，目光随着灵车移动。好像有谁在无声地指挥，老人、青年、小孩，都不约而同地站直了身体，摘下帽子，眼睁睁地望着灵车，哭泣着，顾不上擦去腮边的泪水。

4. 高亢型节奏

语势节节高起，语气高昂有力，语流速度较快，有势不可遏之感，多用于表达振奋的、狂喜的、激情的内容。例如：

在苍茫的大海上，狂风卷集着乌云。在乌云和大海之间，海燕像黑色的闪电，高傲地飞翔。一会儿翅膀碰着波浪，一会儿箭一般地直冲向乌云，它叫喊着，就在这勇敢的叫喊声里，乌云听出了欢乐。

5. 舒缓型节奏

语调多扬少抑，语速较缓，语势较平稳，语音多轻少重，轻柔舒缓而不着力，多用于表示慢慢品味的感觉上很惬意舒心的句子，也可以表现舒展的情怀。例如：

大海上一片静寂。在我们的脚下，波浪轻轻吻着岩石。像朦朦胧胧欲睡似的。在平静的深暗的海面上，月光劈开了一款狭长的明亮的云汀，闪闪地颤动着，银鳞一般。

6. 紧张型节奏

语音多连少停、多重少轻，语调多扬少抑，语流速度较快，气息短促，多用于表达紧张、急迫、焦急、恐惧的情绪。例如：

在这千钧一发的时刻，传来了团长和政委的喊声：“同志们！为了党的事业，为了最后的胜利，冲呀！”

四 句调

句调是语音的高低升降变化。通常说的是句子的抑扬顿挫，与语音的轻重、停顿、快慢等有一定的关系。语音的高低升降是贯穿整个句子的，但往往在句尾的音节上表现得特别明显，同一句话，不同的句调可以表达不同的语气和语意。普通话的句调大体上可以分为升调、降调、平调和曲调四种基本类型。

1. 升调

也叫高升调。全句的调子由平升高，句尾的语势由低到高，明显上扬。一般用于表达喜悦、惊讶、疑问、反诘、呼唤、号召的句子等。如：

让暴风雨来得更猛烈些吧！↗

2. 降调

也叫降抑调。全句的调子由高到低，句尾明显下抑。一般用于情绪平稳的陈述句、感情强烈的感叹句、表达愿望的祈使句，以及表示肯定、自信、祝愿语气的句子等。如：

不要来问我！↘

3. 平调

也叫平直调。全句的调子比较平直舒缓，没有明显的升降变化。一般用来叙述、说明、解释，表达庄重、严肃、冷静、漠然、回忆、思索、缅怀等。如：

读小学一年级的时候，我的外祖母过世了。

4. 曲调

也叫曲折调。曲调的语势有曲折变化，位置不完全在句末，或先升后降，或先降后升。曲调多用于语意双关、言外有意、幽默含蓄、讽刺嘲笑、意外惊喜、有意夸张等句子，表达含蓄、讽刺、怀疑等语气常用曲调。如：

这是何等的↘有责任心呀！↗

巩固练习

一 停顿练习（“/”表示稍停，“//”表示长停）

1. 让他一个人留在房里还不到两分钟，当我们进去的时候，/便发现他在安乐椅上安静地睡着了——//但已经永远地睡着了。

2. 从事物流最起码的条件//得勤奋。

3. 这些石狮子，//有的母子相抱，/有的交头接耳，/有的像倾听水声，//千姿百态，惟妙惟肖。

二 重音练习

（一）词语的重音训练

物流 wùliú	葡萄 pútao	孩子 háizi	窗户 chuānghu
先生 xiānsheng	工人 gōngrén	问题 wèntí	电脑 diànnǎo
仓储 cāngchǔ	托盘 tuōpán	克服 kèfú	美好 měihǎo
特别 tèbié	中国 zhōngguó	包装 bāozhuāng	快递 kuàidì

供应链 gōngyìngliàn
野葡萄 yěpútao
一言为定 yīyán-wéidìng
南水北调 nánshuǐ-běidiào
物流园区 wùliú-yuánqū
运单跟踪 yùndān -gēnzōng
分拣员 fēnjiǎnyuán
小黄瓜 xiǎohuángguā
长远之计 chángyuǎn-zhījì
仁义廉耻 rényì-liánchǐ
保税物流 bǎoshuì-wùliú
集中托运 jízhōng-tuōyùn
保税区 bǎoshuìqū
打游击 dǎyóujī

（二）句子的重音练习

1. 香港终于回到了祖国的怀抱！
2. 谁分拣的货物？这家物流公司。
3. 物流职业是光辉的事业，因此，我国每年的 5 月 6 日定为中国物流日。
4. 月光如流水一般，静静地泻在这一片叶子和花上。薄薄的青雾浮起在荷塘里。

三 节奏练习

1. 月光如流水一般，静静地泻在这一片叶子和花上。薄薄的青雾浮起在荷塘里。叶子和花仿佛在牛乳中洗过一样；又像笼着轻纱的梦。虽然是满月，天上却有一层淡淡的云，所以不能朗照；但我以为这恰是到了好处——酣眠固不可少，小睡也别有风味的。——《荷塘月色》

诵读提示：《荷塘月色》是舒缓型的节奏，作品突出的是一种朦胧柔和的美。

2. 看！——一捶起来就发狠了，忘情了，没命了！百十个斜背响鼓的后生，如百十块被强震不断击起的石头，狂舞在你的面前。骤雨一样，是急促的鼓点；旋风一样，是飞扬的流苏；乱蛙一样，是蹦跳的脚步；火花一样，是闪射的瞳仁；斗虎一样，是强健的风姿，黄土高原上，爆出一场多么壮阔、多么豪放、多么火烈的舞蹈哇——安塞腰鼓。——《安塞腰鼓》

诵读提示：《安塞腰鼓》是高亢型的节奏，作品语言的编织密不透风，语势凶猛，不可阻挡。

3. 他好像面对着大海，月亮正从水天相接的地方升起来。微波粼粼的海面上，霎时间洒遍了银光。月亮越升越高，穿过一缕一缕轻纱似的微云。忽然，海面上刮起了大风，卷起了巨浪。被月光照得雪亮的浪花，一个连一个朝着岸边涌过来……——《月光曲》

诵读提示：诵读《月光曲》要注意节奏的过渡转换。前面三句的节奏非常舒展、缓慢、柔和。后面两句则要处理得强烈、紧张、有力。

4. 你们杀死一个李公朴，会有千百万个李公朴站起来！你们将失去千百万的人民！你们看着我们人少，没有力量？告诉你们，我们的力量大得很，强得很！看今天来的这些人，都是我们的人，都是我们的力量！此外还有广大的市民！我们有这个信心：人民的力量是要胜利的，真理是永远存在的。历史上没有一个反人民的势力不被人民毁灭的！——《最后一次讲演》

诵读提示：《最后一次讲演》是紧张型节奏，语速较快，声音强劲而有力，顿挫短暂，语言密度大。

5. 报纸，披着黑纱，/电波，浸着泪滴；/每盏灯，都像红肿的眼睛，/每颗心，都在哀悼伟大的战士：/回来吧，总理，/我们敬爱的周总理！/人民，怎能没有你！/革命，怎能没有你！

诵读提示：《一月的哀思》是低沉型节奏，停顿多而长，语调多抑，声音偏暗，语流沉缓，句尾沉重。

四 句调训练

1. 中国人死都不怕，还怕困难吗？↗
2. 当然，能够只是送出去，也不算坏事情，一者见得丰富，↗二者见得大度。↘
3. 人生会有多少个第一次啊！↘祝你永远保持良好的状态！↗
4. 懂得这点，便懂得珍惜每一次相聚的温馨，离别便也欢喜。↘
5. 统筹推进城市商业设施、物流设施、交通基础设施规划建设和升级改造，优化综合物流园区、配送（分拨）中心、末端配送网点等空间布局。→

拓展训练

一 诗词诵读

念奴娇·赤壁怀古

宋　苏轼

大江/东去，浪淘尽，千古/风流/人物。
故垒/西边，人道是，三国/周郎/赤壁。
乱石/穿空，惊涛/拍岸，卷起/千堆雪。
江山/如画，一时/多少/豪杰。
遥想//公瑾/当年，小乔/初嫁了，雄姿/英发。
羽扇/纶巾，谈笑间，樯橹/灰飞/烟灭。
故国/神游，多情/应笑我，早生/华发。
人生/如梦，一尊/还酹/江月。

沁园春·雪

毛泽东

北国/风光，千里/冰封，万里/雪飘。
望//长城内外，惟余/莽莽；大河/上下，顿失/滔滔。
山舞/银蛇，原驰/蜡象，欲与/天公/试比高。
须//晴日，看//红装素裹，分外/妖娆。
江山//如此多娇，引/无数英雄/竞折腰。
惜/秦皇/汉武，略输/文采；唐宗/宋祖，稍逊/风骚。
一代/天骄，成吉/思汗，只识/弯弓/射大雕。
俱//往矣，数//风流人物，还看/今朝。

二 三句半表演

三句半：物院征程（节选）

欧阳昌雄

物流学院历史长，物资学校老学堂，
一九六五七月建，好长！
从前中专很吃香，省级重点来扩张，
国家重点又评上，响四方。
难忘二〇〇五年，两校合并谱新篇，
去筹挂牌成物院，大改变。

央财基地建设忙，系部老师访四方，
物流学院大改革，好忙。
职教集团物流花，湖南省内第一家，
会员单位干劲足，人人夸。

学院评估有干劲，零八冲刺创优秀，
紧锣密鼓抓内涵，搞定。
零九立项成示范，万事狠抓不怕难，
省内高职为重点，实干！

信息平台成立早，服务社会真不少，
省级领导来指导，搞得好！

教研教改不放松，科研项目靠真功，
认真工作创成果，拼！

科技进步一等奖，信息技术得大奖，
多家企业来签约，倍儿爽！

依法治校不能忘，大学章程树榜样，
“三会一体”教授聚，首创！
文明高校落我家，平安校园人人抓，
温馨雅致环境好，顶呱呱！

特色一流开放风，文明幸福物院人，
党代会后新班子，启新程！
境外培训抓得好，教师访学世界跑，
英美德澳去交流，眼界高。
招生质量年年高，就业形势届届好，
进出两旺师生笑，好俏！
国际合作有前景，中德办学好得很，
学习就业平台大，多国请！
校企合作恰逢春，校地合作来得真，
国家立项学徒制，过得硬！

“三促”工作见成效，小赛大赛名次俏，
以点带面加油干，争荣耀。
名师名生名专业，教书育人重实践，
素质拓展“金钥匙”，成果现。
“抵制走进”多提倡，背起书包进课堂，
学风校风正能量，好榜样。

“一带一路”好倡议，经济腾飞靠物流，
携手跨入新时代，创一流。
祖国强大沐春风，宏伟蓝图振人心，
凝心聚力中国梦，冲！
开放崛起借东风，创新引领气象新，
立德树人当重任，匠心浇灌物流人，物流人！

任务考核

任务 4　节律处理技巧考核评分表

评价主体	评价项目与内容	评价分值（分）				
		10	7	5	3	1
学生自评	1. 掌握正确的停顿技巧					
	2. 掌握正确的重音技巧					
	3. 掌握正确的节奏技巧					
	4. 能够运用句调技巧进行诵读					
学生互评	1. 乐于助人，善于团队合作					
	2. 课堂表现积极、乐于语言学习					
	3. 娴熟运用普通话诵读的节律处理技巧					
教师点评	1. 准确掌握停顿、重音、节奏和句调等技巧					
	2. 灵活运用节律技巧进行诵读					
	3. 诵读时能更好地展现作品的音韵美和节奏美					
总分						

任务 5 态势语言技巧

学习目标

1. 理解并掌握态势语言的类型。
2. 能熟练并得体运用各种态势语言丰富口头语言表达。
3. 提高口语表达能力，增强自信心。

知识内容

态势语言，是人们在社会交往中，以其身体姿势、仪表风度、手势动作等来表达一定语义和进行信息传递的无声语言。在诵读中，态势语言作为有声语言的辅助手段能有效地提高表达的艺术效果。态势语言是促进人与人之间交流的重要途径之一。

一 仪表语言

诵读者的仪表主要是指一个人的服饰和化妆，应根据不同的舞台场景区别对待。

（一）服饰

服饰既能反映一个国家或地区的民族风俗和生活习惯，更能显示一个人的气质、爱好、文化修养和精神面貌。“衣服是文化的表征，衣服是思想的形象”（郭沫若），服饰比姿态表情传递的信息更加引人注目，所以俗话说“人要衣装，佛要金装”“三分长相，七分打扮”。对于诵读者来说，服饰更应服从主题和表演的需要。

服饰的基本要求是整洁、得体、文雅、大方。

服饰三个原则是指目前国际上公认的“TPO”着衣原则。“T”（time）指时间，衣着要符合时代、季节，还要照顾诸如特殊的纪念日等日期；“P”（place）代表地方、场所、位置、职位，衣着要随场合的变更而改换；“O”（object）指目的、目标、对象，衣着要时刻不忘自己的身份，不要标新立异，奇装异服，也不要鲜艳夺目，花枝招展。

诵读者着装的选择具体来说要注意如下几点：一是要参考诵读作品的主题内容、艺术风格、表演环境等因素，如主题庄严肃穆的应选择正装，主题反映生活的休闲轻快，可以穿相对休闲的服装；二是服装的款式和色彩可以起到营造氛围，表达主题内容的作用，如诵读毛主席的《七律·长征》适合穿红军服、戴红军帽，诵读范仲淹的《岳阳楼记》可着宋代服装等；三是服饰的色彩要与舞台的背景相协调，考虑整体的视觉效果，形成合理的对比反差以相互映衬烘托。

（二）化妆

诵读者宜化淡妆，但剧场式的大型诵读，应当根据舞台灯光效果统一化妆。

二 表情语言

表情是人的面部动态所流露的情感，在给人的印象中，表情非常重要。诵读者的表情主要体现在目光和面部表情上。

（一）目光语

1. 诵读者的目光语要表现文学作品的画面感

诵读过程中，诵读者要调动生活积累进行丰富的想象发挥，目光语要体现画面感，如诵读到高山即仰视高山，诵读到大海即瞭望大海，诵读到苍鹰目光则追逐在天空等，力求做到如临其境、如见其形，用有声语言和目光语的完美结合作画，把公众带入文学作品的意境中去。

2. 诵读者的目光语要与受众进行心灵交流

诵读者心灵中蕴藏的对文学作品的真挚情感一定会通过富有感染力的目光语流露出来，传达给听众，引起受众情感的共鸣，产生“心交”。

诵读者与听众的目光交流要真诚、落落大方。上台时要头面部侧转 45°，用眼神和受众打招呼；诵读中要把全体受众当作交流对象，经常把视线停留在受众中后部（2/3排）的位置上，并且平视、虚视、环视、点视自然和谐地交替运用，把内心深处最想表达的情感内容通过目光语及时传递给听众；诵读结束时要记住句末的最后两个字，从容地抬头看向听众。

上台诵读时眼神的运用方法主要有以下几种：

平视法：视线平直向前推移，沿中心线弧形推进到最后一排，眼睛的余光兼顾两侧及角落。特点：长而硬。

虚视法：面对听众，目光向前散成一片，好像看着每个人其实谁也没看见，“目中无人，心中有人”。特点：长而软。

环视法：从左到右、从前到后环顾全场每个人。上场环视为了向听众打招呼，静场；诵读中环视为了与听众“心交”，并了解听众情绪，便于自己及时调整诵读的状态。特点：短而软。

点视法：目光集中投向某处或某人，可以表示赞许、感谢、征询及制止。特点：短而硬。

闭目法：短暂闭目，表达悲伤、思念、愤怒、联想或回忆的内容。特点：视线忽然消失。

此外，正视表示诚恳、庄严、郑重、神圣；斜视表示轻蔑；仰视表示崇敬、傲慢；俯视表示关心或忧伤；凝视表示专注；漠视表示冷淡。总之，眼睛具有丰富的表情达意的作用。

（二）表情语

诵读中文学作品所蕴含的喜、怒、哀、乐、惊、恐惧，都应通过面部表情表现出来。面部表情是受众目光的焦点，也是使用最为频繁的态势语言，要注意以下几点：

一是表情随作品内容的不同而灵活适度地变换，要与内心的感受协调一致。表情泛滥会扰乱受众对信息的接收，表情单一是脸谱化的苍白表现，丰富的表情会形成一种富有感染力的“情绪辐射”，引起全场共鸣。二是头位正侧仰俯变化要与作品感情基调协调一致。头部正位：诵读时头要正，面部正对着受众，不频繁晃动。头部侧位：打破了正位严肃、单调的造型，给人优雅感。询问性、怀疑性语言和表情多配以头部侧位动作。头部仰位：仰位不同，意义不同。微仰表示思考和停顿，昂仰表示情绪激动，偏仰表示呼唤和憧憬。头部俯位：头垂下的程度不同，意义不同。浅垂位表示谦虚、停顿和思考，深垂位表示悲伤、失败和痛苦。三是要善于控制和支配笑与哭两种表情，笑能给人留下美好的印象，哭能用悲伤凄惨的情绪感染受众，但使用笑与哭两种表情时要注意符合语境，善于控制。

三 手势语言

手势动作是以手的挥动和手指动作等来表达语义和传递信息的。手势动作是用来配合口头语言的一个重要的信息传递方式，有强化口语的作用，不仅使用频率非常高，有时还能表达口语难以表述的内容。

1. 手掌、手指和拳的动作意义

手势语又可分为手掌、手指和拳的动作。

（1）手掌。掌心向上，胳膊微曲，手掌稍向前伸，这种手势主要用来表示贡献、请求、许诺、欢迎、诚恳的意思；掌心向下，胳膊微曲，手掌稍向前伸，则表示神秘、压抑、否认、反对、制止、不愿意、不喜欢的意思。双手由合而开，多表示空虚、失望、离散、消极；双手由开而合则主要表示团结、亲密、联合、全面、积极等。

（2）手指。手指可帮助听众明确所指，化抽象为具体。伸出大拇指，意味着赞颂、崇敬、钦佩；伸出小拇指，则表示卑下、蔑视。

（3）拳。握拳，一般用来表示愤怒、决心、意志、毁灭等强烈的思想感情，有时也可表示团结、抗争、力量等积极的含义。

2. 手势活动范围的意义

一般来说，诵读者手势在肩部以上，大多用来表示理想的、宏大的、张扬的内容和情感；手势在肩部至腹部，大多用来表示一般的记叙、讲解和说明，并显示出说话人心情较为平静；手势在腹部以下，这一区域的手势大多用来表示一些说话人认为不悦的、令人憎恶的感情。

3. 手势语运用的原则

手势语运用得好可避免呆板，增强视觉效果，起到吸引、强化、印证等作用，但要做到简洁、协调、自然。

所谓简洁，是指手势的动作本身要简单、明了，不刻意雕琢。在交际过程中不宜频繁使用手势，以免干扰有声语言的表达。

所谓协调，是指手势既要与其他的态势语配合，又要与所表达的内容相协调。从整体上既要有助于有声语言的表达，又要给人以和谐统一的美感。

所谓自然，是指“该出手时就出手”，手势要落在相应的字词上，出手要快，收手要慢。

例如诵读余光中的《乡愁》，当最后一句“而现在，乡愁是一湾浅浅的海峡。我在这头，大陆在那头”落音后，诵读者向前扬起的手臂停留一会儿再缓缓收回。这个前伸的指向动作，先是把观众的视觉想象引向“海峡的彼岸”，而后面的“定格”和缓收，则加深了“言有尽意无穷”的绵长情味。

四 身姿语言

1. 行姿

朗诵者走上讲台及朗诵结束后离开讲台行姿必须恰到好处。行姿属于动态美，凡是协调、稳健、轻松、敏捷的步态都会给人以美感，朗诵者的行姿应该表现其的镇定自若、信心十足、从容不迫。正确的行姿是：

（1）双目向前平视，微收下颚，面带笑容。

（2）双肩平稳，双臂前后自然摆动，摆幅以 30°～35° 为宜，双肩不要过于僵硬。

（3）上身挺直，头正挺胸，收腹，立腰，重心稍前倾。

（4）注意步位。两脚内侧落地时理想的行走轨迹是一条直线。

（5）步幅适当。一般情况下，前脚的脚跟与后脚的脚尖相距约一脚长，但因性别和身高的不同会有所差异。步幅与服饰有关，女士穿裙装时和穿高跟鞋时步幅应小些，穿长裤时步幅可大些。

（6）应全脚掌着地，膝和脚腕不可过于僵直。

（7）停步拐弯、上下台阶时，应从容不迫，控制自如。

另外，行姿可根据诵读内容进行调整，轻松的内容步子快一些，沉重的内容步子慢一些。

2. 站姿

站姿要求头正肩平。头为仪容的主体，它的位置应当平正闲适，而不要偏侧倾斜，头部动作应与其他态势语言相和谐。站姿挺拔端正，能衬出男子气宇轩昂、玉树临风，女子优雅大方、亭亭玉立。

台上常见站立姿势通常有四种：

（1）前进式。即右脚在前，左脚在后，脚尖指向正前方或稍向外侧，两脚延长线的夹角约呈 45°。这种站姿，重心可以左右移动，手势动作灵活多变，上身活动自如。

（2）稍息式。即一脚稍前，一脚稍后，重心在后脚脚跟上，两脚之间约呈 75°。这种站姿容易使人疲劳，一般不适合于长时间演讲时使用，可作为演讲中短期更换的姿势。

（3）平分式。两脚自然分开，与肩部同宽，重心自然平均分配在两腿上。这种站姿较适合于长时间演讲时使用，尤其男性演讲者使用较多。

（4）丁字式。左脚在前，右脚脚尖向外，于左脚脚跟处呈“丁”字站立；或右脚在前，左脚脚尖向外，于右脚脚跟处呈“丁”字站立。此种站姿，上身可前可后，可左可右，还可以稍加转动，便于不同情感的表达，常被女性演讲者采用。

3. 坐姿

诵读中坐姿运用较少。运用坐姿要文雅、大方，落座时要轻盈、和缓，切忌慌张匆忙，人未站稳就重重地坐在椅子上。落座后要保持上身正直，头部平稳，力戒歪斜肩膀、含胸驼背、不停抖腿和两手交叉在胸前等不良姿态。

巩固练习

1. 使用最为频繁的态势语言为（　　）。

A.目光语　B.手势语　C.表情语　D.身势语

2. 态势语言包括（　　）。

A.目光语　B.手势语　C.表情语　D.身势语　E.仪表语

拓展训练

（一）面部表情训练

1. 对镜自视，观察自己在不同的心理状态下面部表情的变化，如：大笑、忧愁、惊讶、悲伤、平静、兴奋、愤怒等。

2. 观察日常生活中与你交流的人的面部表情。

3. 朗读下列诗句，用眼神表现出括号中提示的表情。

我，常常望着天真的儿童。（微笑）
素不相识，我也抚抚红润的小脸。（亲切）
他们陌生地瞅着我，歪着头。（陌生）
像一群小鸟打量着一个恐龙蛋。（惊奇）
他们走了，走远了。（失望）

（二）手势语训练

1. 给下面的句子设计相应的手势，然后表演出来。

（1）看！太阳升起来了，它光芒四射，普照人间。

（2）什么是爱，爱不是索取，而是奉献！

（3）小赵，真是好样的！

（4）中国人民是无所畏惧的，就是天塌下来，我们也顶得起。

（5）同志们，千万注意，这次实验是非常关键的一次。

（6）这种损人不利己的行为，我们是坚决反对的。

（7）她轻轻地躺在草地上，仰望着蓝色的天空。

（8）高大的建筑物突然陷入地下。

（9）伸出我们的双手吧，拿出我们的智慧吧，献出我们青春的热血吧，我们是中华儿女，我们要做中华的脊梁！

（三）身姿动作训练

1. 每天有意识地做几次“坐如钟”（正襟危坐）、“立如松”（挺身直立）、“行如风”（步幅稳健）的训练，与人交际要逐步养成良好的身姿，纠正不良的身姿动作。

2. 自我训练：四人一组，相互观察坐姿、站姿、行姿，指出不良的姿势，在同学的监督之下自我纠正。

3. 情境训练。

与邻座的同学轮流扮演年长、年轻或同龄的不同身份的人，找一个话题进行交谈，注意对方的坐姿、站姿是否得体，对不良习惯要互相指出并予以纠正。

（四）态势语综合训练

朗诵诗歌《再别康桥》，设计好手势语。

任务考核

任务 5　态势语言技巧考核评分表

评价主体	评价项目与内容	评价分值（分）				
		10	7	5	3	1
学生自评	1. 能理解和领会仪表、表情、手势、身姿语言的使用					
	2. 诵读物流作品过程中运用态势语言基本准确					
学生互评	1. 物流作品诵读过程中态势语言运用基本准确					
	2. 乐于助人，善于团队合作，课堂表现积极、乐于语言学习					
	3. 态势语言运用效果显著					
教师点评	1. 课堂表现积极、乐于将态势语言和有声语言结合运用					
	2. 诵读过程中态势语言运用基本准确					
总分						

任务 6 诵读会组织策划

学习目标

1. 掌握诵读的形式并为作品配乐。
2. 掌握诵读会主持的艺术技巧和串联词的设计。
3. 能组织策划一场诵读会。

知识内容

诵读会作为一项大型活动，必须进行周密的组织和策划，精心的设计和准备，才能取得预期的演出效果。这不仅指诵读的选材、诵读的表达技巧、诵读的音效设计，还包括诵读会的具体组织、策划以及对诵读作品表达方式的整体设计。

一台成功的诵读会首先要确定诵读的主题、基调，把握诵读的节奏（舒缓张弛的变化、高潮位置及铺垫蓄势的方法），还要精心设计诵读的形式、配乐舞美、人员安排，调整诵读的最佳状态，克服紧张怯场的心理，以最佳的态势语言呈现于公众面前。

一 诵读的形式

诵读的形式主要包括独诵、对诵、合诵三种。此外，还有联诵、轮诵、领诵、齐诵和角色诵读等。

（一）独诵

独诵是一个人的诵读，诵读者男女老少皆可，它是一切诵读形式的基础，因而最常用、最便捷，适合篇幅精短、感情单一、人物形象不多的作品，特点灵活自如，不必考虑配合协调，可以充分展示个性风采。大部分诵材都适合独诵，表达个人心境和内心独白的诗篇，更适宜用独诵的形式表现，如《沁园春·雪》及《哈姆雷特》中王子的自白。

（二）对诵

对诵是两个人组合诵读，一般为男女对诵，也可以同性对诵。对诵角色的选取应考虑双方音色音高协调、体态形貌接近，一般男声适合诵读奔放豪迈的语句，女声适合诵读温婉细腻的语句。如果有叙述性和角色性的诗句，也可以采用男女声对诵的形式增强诗歌的可听性。

（三）合诵

合诵是三人或三人以上参加的大型诵读，是最常见的集体诵读形式，适合诵读情感起伏大、情节复杂、人物众多、篇幅较长、题材宏大的文学作品，要求音量洪大、气势磅礴、对比强烈、变化多样，往往给人强烈的震撼。

合诵有领诵和齐诵，是独诵、对诵与齐诵的结合。采用合诵形式首先要深入研究作品的主题，设计领诵、齐诵的内容，分出男领、女领及男女合领，男齐、女齐及男女合齐；其次要分配好角色，一般应根据内容和情感表达、音色、形貌选定领诵。领诵可一人，可两人，也可多人。男女领诵可独诵、对诵、轮诵、合诵交错进行，男声适合诵读深沉高亢的内容，女声适合诵读低婉亮丽的部分；最后，人员众多的集体诵读一定要编排好队形，领诵者一般站在队伍的右前方，后面可站单排队列或多排队列，队形可直形或弧形，可男女交叉也可分站两边，队形可根据诵读的节奏前后、左右、交叠、晃动变化。

合诵作为大型集体诵读活动，表现的多为重大主题，在一台诵读会中只能安排两三个，多放在开头、中间、结尾，使诵读会有起伏、有高潮，从而起到鼓舞人心的作用。

二 诵读的配乐

俗话说“诵读功不够，音乐效果凑”，一定程度上说明了配乐在诵读中的作用。音乐与诵读都是抒情言志的艺术形式，配合得当可以烘托气氛，营造情境，增加诵读的感染力，使之立体生动。

（一）常见的配乐形式

常见的配乐形式有铺垫式配乐、编辑式配乐和创作式配乐三种，都要求诵读者在准确理解诵读内容的基础上去选择和创作乐曲，让音乐与作品主题相呼应，忌选用主题太过鲜明或为人熟知的乐曲。

最简单的是铺垫式配乐，只需选取基调、风格、节奏等与诵读作品相适应的乐曲编配，并贯穿始终即可。缺点是与诵读语言不一定完美地交融。

编辑式配乐是根据诵读内容的节奏和进程对已选取的乐曲进行剪辑，设计成不同的音强、音长、音高等片段，然后组合成与作品内容严密对应的配乐。缺点是只为某一特定作品设计，不能互用。

创作式配乐一般出现在大型诵读活动中，专门请作曲家为诵读内容创作音乐，与诵读内容完美结合，是高层次的配乐作品。

（二）选曲的基本原则

选曲的基本原则是要与诵读作品的感情基调和节奏相吻合，如《我为少男少女们歌唱》是明朗欢快的，应选用节奏明快的《杜鹃圆舞曲》；《乡愁》是抑郁、缠绵的，应选用小提琴曲《思乡曲》；《有的人》充满哲思，应选用小提琴曲《沉思》；《我骄傲，我是中国人》高亢昂扬，可选用《大漠敦煌》或《红旗颂》的乐曲。平时要加强音乐修养，积累音乐素材，以备不时之需。

（三）选器编配

不同的乐器演奏风格大相径庭，乐器之间的客观差异，使得不同的诵读作品对不同乐器的演奏效果有所选择。在民族乐器中，二胡被誉为“会说话的乐器”，常常表现如泣如诉的情调，但如果为《再别康桥》配乐，就很难让人与作品表现的英伦风情相联系，西洋乐器小提琴和钢琴曲都是不错的选择。在西洋乐器中，小提琴被称为“乐器中的皇后”“女高音”，钢琴音域广阔，表现力丰富，被誉为“乐器之王”，但如果为《雨巷》配乐，排箫却更为传神，它的音色常给人以空灵朦胧之美，更合乎诗作的意境。古筝乐曲古朴、典雅、悠远、飘逸，适合为《春江花月夜》这样“以孤篇压倒全唐”的名作配乐。不同乐器演奏的音乐，能丰富不同文学作品的意境，为诵读艺术效果添彩。

（四）配乐的方法

成功的配乐能够起到锦上添花的作用，但需遵照诵读的一般规律进行合理的设计和处理。

1. 巧妙构思，大胆创新

诵读配乐的最高境界是借助音乐的魅力扩展诵读语言的表现力，产生感人肺腑的艺术效果。这就需要在配乐方法上巧妙构思，进行大胆创新。配乐中可以运用一些鸟语花香、溪水潺潺、电闪雷鸣的现实音效渲染气氛，也可以让诵读与演奏彼此呼应、此起彼伏，增加艺术感染力和审美力。

2. 灵活剪辑，恰当留白

在选编配乐曲目时，常遇到理想的乐曲长度无法覆盖整篇诗词的尴尬，这时要灵活剪辑，在恰当的位置采用“留白”的方式取得“此处无声胜有声”的艺术效果。在篇幅较长的文学作品配乐中，可以在语言和音乐的分合错落中丰富艺术表现力，增强张弛跌宕的效果。

3. 控制音强，完善音效

首先，诵读配乐音量的控制很重要，配乐宜轻不宜重，要防止喧宾夺主，掩盖诵读的语音。其次，配乐的扬起一般采用“渐入”的方式，音乐由弱渐强；配乐的收起多采用“渐隐”的方式，音乐由强渐弱，避免訇然而起，戛然而止。最后，音乐起于诵读语言之前，止于诵读语言之后，余音袅袅，情思悠悠。音效的控制关系着诵读的成败，一定要慎之又慎。

三 诵读会的主持

主持是指在社会生活中的聚会、联欢、演出、比赛等带有庆贺、娱乐、宣传性质的集体活动中，负责掌握和串联整场活动的口语表达形式。一场成功的诵读会，主持人的作用是不容忽视的，另外串联词的撰写也至关重要。

（一）主持人的作用

主持人在诵读会中扮演着重要角色，负责串联内容、营造氛围，掌握整场活动的进程，主持人的现场表现一定程度上关系到一场诵读会的成败。

（二）主持的艺术技巧

主持人除仪表端庄、举止大方、口齿清楚、言谈得体外，还要做到以下几点。

1. 紧扣主题，营造氛围

主持词要和主题吻合，不能太过随意，主持人既要善于调动台上诵读者的情绪，使之临场达到最佳表演状态，又要充分调动台下观众的参与热情，形成上下互动、激情澎湃的氛围。

2. 开场独特，连接巧妙

要精心设计“开场白”，一开场就吸引大家的注意力，并尽快切入主题，宣明目的，形成轻松活泼的基调，营造全场共鸣的开场效果。另外，在活动进行中主持人的语言要起到牵线搭桥的作用，将内容、主题、表演者之间的有机联系用生动简明的语言巧妙连缀，使整个活动形成一个有机的整体。

3. 灵活应变，展现个性

活动中难免会出现突发意外，主持人要沉着应变，用机智得体的语言调节气氛、化解僵局。主持语言可发挥个性优势，根据年龄、性别、身份特征结合活动内容灵活应对，以独特的语言风格吸引和打动观众。如某主持人不小心被话筒线绊倒，就势解嘲说：“大家的表演太出色了，我都为之倾倒了。”

4. 把握分寸，表现适度

主持人虽在活动中起串联作用，但不是主角，所以要把握分寸，不要喧宾夺主。表达多用讲述语气，少用诵读语态，表情举止亲切自然，不夸张繁杂，着装朴素端庄，言谈落落大方。

（三）串联词的设计

诗文诵读会串联词的撰写有以下要点：

第一，交代作品、作者及诵读者，这是诵读会的三要素。例如：下面请欣赏著名诗人徐志摩的佳作《再别康桥》，朗诵者冯晓颖。第二，提示创作背景、重点内容，讲述作品背后的故事。第三，解析名篇佳作的思想内涵，阐明其文学地位和艺术价值。第四，言简意赅，不寻章摘句，语含诗意或寓情含趣。

四 诵读会的整体策划

（一）诵读会主题、基调的确立

主题是一台诵读会的灵魂，因此确定诵读主题、把握诵读基调是活动的基石，是重中之重。比如“让青春飞扬”是五四青年节大学生诗歌诵读会的主题，那么活动的布景、人员的服饰、诵材的选择、诵读的基调应全围绕这一主题进行。

（二）诵读会张弛节奏的把握

“文似看山不喜平”，诵读也如此。诵读会的组织切忌平铺直叙，一潭死水，无论什么主题、基调的诵读，都应具备一定的表达高潮。诵读的高潮设定可以是一个，也可以是几个，小高潮可以为大高潮蓄势，高潮位置设定合乎听众的接受心理，使用铺垫蓄势渐变的方法，让高潮的出现不突兀；情感抒发讲究舒缓张弛的变化，高潮低谷波浪式推进，让听众从多角度获得思想的启迪，感悟艺术的审美。

（三）诵读会的舞台布景设计

1. 图案、色彩与诵读会的主题吻合

舞台诵读可设置布景来丰富诵读的表现，烘托诵读的思想感情，但布景不应分散受众的注意力，只要能暗示出诵读的基调即可。例如：举办“纪念五四青年节诵读会”，布景适宜用较为热烈的暖色调，表现青春、热血和希望，显示激情澎湃；举办“团圆中秋诗会”，表现对家乡故土的眷恋深情，可采用较沉静的冷色调，蓝色幕布上点缀月牙和星斗。此外，高低不同的台阶也是简约实用的选择。

2. 多媒体背景

以多媒体视频做背景也是很好的选择，一方面根据诵读内容变换相应的图片，打出诵读内容的文字，起到提示作用，配合着音乐完成诵读过程；另一方面，也可以单纯做出诵读会或每个诵读节目的题目，图片定格一段时间，起幕布作用。

3. 灯光和道具

诵读会需要舞台灯光效果。灯光的色调、明暗、强弱，应与布景、诵读内容配合，简朴、深邃、稳定，不要过强、过亮、晃来晃去，分散受众的注意力，过暗也会脱离诗词意境所需的豁达开朗的感觉。比如诵读郭沫若的《雷电颂》，有时需要把前台的灯光熄掉，增加明暗对比度，以突出主体，有时需要用追光灯把束光打在诵读者身上。

诵读会一般不使用道具，偶尔使用具有象征意味的道具也建议尽量简单、朴实。例如，诵读史铁生的《我与地坛》，可放一辆轮椅在台上；诵读艾青的《雪落在中国的土地上》，可放置一座石碾；诵读海明威的《老人与海》，可垂一张晾晒的渔网。

诵读应当脱稿进行，便于与听众交流，充分发挥表演效果。但有的诵读者对篇幅长且不熟的稿件不放心，担心忘词，就拿稿上场，这时要注意举止得当、姿势优雅，不要挡住面孔或眼不离稿，忽视与受众的交流。

巩固练习

1. 诵读会的主持艺术技巧有（　）。

   A.紧扣主题，营造氛围　B.开场独特，连接巧妙

   C.灵活应变，展现个性　D.把握分寸，表现适度

2. 诵读会的整体策划要注意（　）。

   A.诵读的基调应围绕主题进行

   B.诵读会的组织切忌平铺，要把握节奏的张弛

   C.舞台布置要讲究色彩图案与主题的吻合

   D.诵读会的灯光要明亮

拓展训练

请为以“青年中国梦”为主题的朗诵比赛进行整体策划。

任务考核

任务 6　诵读会组织策划考核评分表

评价主体	评价项目与内容	评价分值（分）				
		10	7	5	3	1
学生自评	1. 能正确选用诵读的形式					
	2. 能为诵读作品正确配乐					
	3. 能为诵读会写主持词					
	4. 能组织策划一场诵读会					
学生互评	1. 能正确选用诵读的形式					
	2. 能为诵读作品正确配乐					
	3. 善于团队合作，在诵读会策划中积极有为					
教师点评	1. 能正确选用诵读的形式并为作品正确配乐					
	2. 能掌握诵读会主持的艺术技巧和串联词的设计					
	3. 基本能组织策划一场诵读会					
总分						

任务 7 物流作品诵读

学习目标

1. 掌握物流运输行业专业术语的规范表述和正确的语音语调。
2. 通过诵读专业文件巩固普通话基础的同时了解未来商贸物流行业的发展前景。
3. 感受普通话的魅力，了解物流行业的发展前景。

知识内容

诵读下列物流作品，了解我国未来五年商贸物流行业高质量发展的行动计划，在诵读过程中注意音变、重音、停顿和语调等语音现象。

一 语句练习

1. 音变

（1）充分发挥市场在资源配置中的决定性作用，激发商贸物流企业内生动力和发展活力；更好发挥政府作用，加强商贸物流规划引（yǐn，21）导，完善激励和保障政策，推动有效市场和有为政府更好结合。

（2）物流是一（yí，35）个规划、实施和控制商品和服务消费以及相关信息从原产地到消费地的高效低成本流动和存储的过程，以满足客户的需求。物流以仓储为中心，促进生产与市场同步。

（3）现代物流不（bù，51）仅单纯地考虑从生产者到消费者的货物配送问题，而且还考虑从供应商到生产者对原材料的采购，以及生产者本身在产品制造过程中的运输、保管和信息等各个方面。

2. 语调

（1）完善（↗）地方商贸物流统计监测制度（→），依托（↗）重点行业协会和重点联系企业（→），加强（↗）商贸物流运行监测及信息发布工作（→）。

（2）物流业是融合运输业、仓储业、货代业和信息业等（↘）的复合型服务产业（→），是国民经济的重要组成部分（→），涉及领域广（↘），吸纳就业人数多，促进生产、拉动消费作用大（↗），在促进产业结构调整、转变经济发展方式和增强国民经济竞争力等方面发挥着重要作用（↗）。

3. 重音

（1）商贸物流/是指与批发、零售、住宿、餐饮、居民服务/等商贸服务业/及进出口贸易相关的物流服务活动，//是现代流通体系的重要组成部分，//是扩大内需和促进消费的/重要载体，//是连接国内国际市场的重要纽带。

（2）为贯彻落实党中央、/国务院关于/畅通/国民经济循环/和建设现代流通体系的/决策部署，/加快提升/商贸物流现代化水平，促进商贸物流/降本增效，/服务构建新发展格局，/制定本行动计划。

二 段落练习

（1）以习近平新时代/中国特色社会主义思想为指导，全面贯彻党的十九大和十九届二中、三中、四中、五中全会精神，/立足新发展阶段，贯彻新发展理念，/深化供给侧结构性改革，/注重需求侧管理，/加快提升商贸物流/网络化、协同化、标准化、数字化、智能化、绿色化和全球化水平，/健全现代流通体系，/促进商贸物流提质降本增效，/便利居民生活消费，/推动经济高质量发展，/为形成强大国内市场、/构建新发展格局提供有力支撑。

（2）市场主导，/政府引导。//充分发挥市场/在资源配置中的决定性作用，/激发商贸物流企业内生动力/和发展活力；/更好发挥政府作用，/加强商贸物流规划引导，/完善激励和保障政策，/推动有效市场/和有为政府更好结合。//创新驱动，/转型升级。//坚持发挥创新/在商贸物流高质量发展中的/引领作用，/积极推动技术创新、业态创新和模式创新，/促进商贸服务业/和物流业深度融合，/提升商贸物流运行效率/和服务质量。//因地制宜，/有序推进。//综合考量各地商贸物流发展水平/和基础条件，/对标国内国际先进，/补短板、强弱项，/着力缩小城市与农村、东中西部、我国与发达国家/商贸物流发展差距。

（3）到 2025 年，/初步建立畅通高效、协同共享、标准规范、智能绿色、融合开放的现代商贸物流体系，/培育一批有品牌影响力/和国际竞争力的商贸物流企业，/商贸物流标准化、数字化、智能化、绿色化水平显著提高，/商贸物流网络更加健全，/区域物流一体化加快推进，/新模式新业态加快发展，/商贸物流服务质量/和效率进一步提升，/商贸服务业/和国际贸易物流成本进一步下降。

三 短文练习

湖南省“十四五”商务和开放型经济发展规划（节选）

从国内看，/我国已进入高质量发展阶段，/经济稳中向好、长期向好的基本趋势没有改变。//强大的制度优势/为商务/和开放型经济/高质量发展/提供了根本保障。//国家产业体系/逐步完备、新业态/新模式/快速发展，/为消费/提质扩容、贸易创新发展、双向投资优化/等/提供了/广阔空间/和强劲动力。//同时，/商务/和开放型经济/发展面临的/不平衡、不充分问题/仍然突出。//高质量商品/和服务供给/仍然不足，/消费需求新增长点/需深入挖掘，/商贸流通现/代化水平/有待提高，/新业态下的/监管体系仍需完善。

从省内看，/习近平总书记/对湖南提出“三高四新”要求，/为商务/和开放型经济/高质量发展/指明了方向。//湖南“一带一部”区位/优势明显，/居民消费/潜力较大，/投资增长/后劲较足，/在新基建、能源设施、综合交通、流通体系、新型城镇化/等领域有较大空间，/湖南自贸试验区、中非经贸博览会等/众多国家级平台/相继获批，/全省开放发展/面临重大机遇、蕴含巨大潜能。//但全省商务与/开放型经济还存在一些/短板弱项：/一是思想有待进一步解放。//部分市州、县市区对开放型经济/不够重视，/存在严重的/路径依赖，/能力不够、水平不高、意识不强的问题/还很突出。//二是内外循环还不够畅通。//消费回升乏力，/流通体系现代化程度/不高，/农村消费/层次偏低，/冷链物流/短板明显，/外贸产品/内销不畅，/内外循环/缺乏高效衔接。//三是开放型经济/还不够强。规模整体偏小，/规模以上/进出口企业比重偏低，/来湘投资的/“三类 500 强”特别是/世界 500 强企业数量/还有很大提升空间。//四是营商环境仍有待优化。//土地、物流等/要素成本相对较高，/企业融资难、融资贵等/问题仍有待进一步解决，/部分部门服务意识有待进一步提升。

巩固练习

一 朗读词语

批发 pīfā	零售 língshòu	住宿 zhùsù	餐饮 cānyǐn
贸易 màoyì	服务 fúwù	物流 wùliú	载体 zàitǐ
纽带 niǔdài	经济 jīngjì	效率 xiàolǜ	循环 xúnhuán
需求 xūqiú	理念 lǐniàn	市场 shìchǎng	发展 fāzhǎn
指导 zhǐdǎo	贯彻 guànchè	阶段 jiēduàn	创新 chuàngxīn
国际 guójì	农村 nóngcūn	提升 tíshēng	政府 zhèngfǔ
引领 yǐnlǐng	技术 jìshù	范围 fànwéi	生产 shēngchǎn
消费 xiāofèi	构建 gòujiàn	畅通 chàngtōng	精神 jīngshén

改革 gǎigé　支撑 zhīchēng　格局 géjú　激励 jīlì
保障 bǎozhàng　基础 jīchǔ　行业 hángyè　差距 chājù
高质量 gāozhìliàng　网络化 wǎngluòhuà　协同化 xiétónghuà
标准化 biāozhǔnhuà　数字化 shùzìhuà　智能化 zhìnénghuà
绿色化 lǜsèhuà　全球化 quánqiúhuà　现代化 xiàndàihuà
决定性 juédìngxìng　补短板 bǔduǎnbǎn　强弱项 qiángruòxiàng
全国性 quánguóxìng　区域性 qūyùxìng　京津冀 jīngjīnjì
长三角 chángsānjiǎo　粤港澳 yuègǎngào　一体化 yìtǐhuà
城市群 chéngshìqún　都市圈 dūshìquān　周转箱 zhōuzhuǎnxiāng
商贸物流 shāngmào-wùliú　居民服务 jūmín-fúwù
流通体系 liútōng-tǐxì　决策部署 juécè-bùshǔ
行动计划 xíngdòng-jìhuà　发展格局 fāzhǎn-géjú
国民经济 guómín-jīngjì　市场主导 shìchǎng-zhǔdǎo
因地制宜 yīndì-zhìyí　基础条件 jīchǔ-tiáojiàn
降本增效 jiàngběn-zēngxiào　有力支撑 yǒulì-zhīchēng
转型升级 zhuǎnxíng-shēngjí　畅通高效 chàngtōng-gāoxiào
协同共享 xiétóng-gòngxiǎng　标准规范 biāozhǔn-guīfàn
智能绿色 zhìnéng-lǜsè　融合开放 rónghé-kāifàng
标准托盘 biāozhǔn-tuōpán　商品条码 shāngpǐn-tiáomǎ
回收网点 huíshōu-wǎngdiǎn　清洗中心 qīngxǐ-zhōngxīn
尾板改造 wěibǎn-gǎizào　快递进村 kuàidì-jìncūn
零售企业 língshòu-qǐyè　配送体系 pèisòng-tǐxì
编码标识 biānmǎ-biāoshí　开放共享 kāifàng-gòngxiǎng
物流枢纽 wùliú-shūniǔ　配送中心 pèisòng-zhōngxīn

二 段落练习

（1）优化/商贸物流网络布局。//加强/商贸物流网络/与国家综合运输大通道/及国家物流枢纽衔接，/提升全国性、区域性商贸物流节点/城市集聚辐射能力。//统筹推进/城市商业设施、物流设施、交通基础设施规划建设/和升级改造，/优化/综合物流园区、配送（分拨）中心、末端配送网点/等空间布局。加强/县域商业体系建设，/健全农村商贸服务/和物流配送网络。

（2）建设/城乡高效配送体系。//强化综合物流园区、配送（分拨）中心服务城乡商贸的/干线接卸、前置仓储、分拣配送能力，/促进干线运输/与城乡配送高效衔接。//鼓励有条件的城市/搭建城乡配送公共信息服务平台，/推动城乡配送车辆“统一车型、统一标识、统一管理、统一标准”。//引导连锁零售企业、电商企业/等加快向农村地区/下沉渠道和服务，/完善县/乡/村三级物流配送体系，/实施“快递进村”工程，/促进交通、邮政、商贸、供销、快递/等资源开放共享，/发展共同配送。

三 短文练习

打造共建共享智慧平台　创新电商物流供应链服务（节选）

菜鸟是阿里巴巴旗下物流科技平台和供应链服务企业，成立于 2013 年，旨在构建服务全球中小企业、广大商家和亿万消费者的智能物流骨干网，实现“全国 24 小时必达、全球 72 小时必达”。成立 6 年来，菜鸟与合作伙伴一起，通过智慧、协同、共享的方式，连接快递、仓配、跨境、末端、农村等资源，构建高效物流网络，为全行业提供基于大数据、物联网、云计算和人工智能的技术产品和解决方案，打造形成覆盖城乡、畅行国内、通达世界的共享服务平台，有力推动了物流行业降本增效和社会经济发展。

菜鸟通过打造智慧化的共建共享服务平台，助力电商快递企业发展。首先，菜鸟通过电子面单将包裹数字化、通过包裹侠 App 实现快递员精准画像、通过菜鸟指数为网点提供评价工具、通过“物流天眼”视觉识别系统对分拨中心进行监测，实现物流全链路上的商家、快递网点、分拨中心、快递员等环节和角色的全面数字化。其次，在全面数字化基础上，菜鸟打通各环节数据，打造数据与实体链路的相对“镜像”（即“数字孪生”），实现数据全流程可视化。最后，菜鸟通过对全链路数据的监控、计算和分析，查找运行环节中的不合理环节，实现产品和服务的持续优化。

拓展训练

下图为“十四五”时期，湖南省商务和开放型经济将努力实现的主要目标，请根据该图片内容进行看图说话，限时三分钟。

叙述要求：

1. 图片上的内容均要有所体现。
2. 在叙述过程中注意音变、重音、停顿和语调等语音现象。
3. 在叙述过程中注意词汇、语法规范。
4. 叙述过程中要注意不回读、不缺时。

湖南省“十四五”商务和开放型经济发展规划主要指标						
类别	序号	主要指标	2020 年	2025 年	年均增长%	属性
对外贸易	1	进出口总额（亿元）	4875	8400	12	预期性
	2	加工贸易（亿元）	951	1650	12	预期性
	3	服务贸易（亿元）	283.1	600	16	预期性
	4	对外贸易依存度（%）	11.7	15	—	预期性
招商引资	利用外资（亿美元）		210	—	—	
	5	外商直接投资（亿美元）	14	56	32	预期性
	6	外商再投资（亿美元）	196	396	15	预期性
	7	内联引资（亿元）	8737	14000	10	预期性
	8	“三类 500 强”重大产业项目数（个）	每年新增 100 个			预期性

任务考核

任务 7 物流作品诵读考核评分表

评价主体	评价项目与内容	评价分值（分）				
		10	7	5	3	1
学生自评	1. 准确识别语句、段落、短文中的音变、重音、连读、语调等					
	2. 诵读物流作品过程中重音、停顿、音准基本准确					
	3. 看图说话基本流畅					
	4. 流畅诵读物流作品					
学生互评	1. 物流作品诵读过程中音变、重音、停顿和语调等基本准确					
	2. 乐于助人，善于团队合作，课堂表现积极、乐于语言学习					
	3. 普通话正音效果显著					

续表

评价主体	评价项目与内容	评价分值（分）				
		10	7	5	3	1
教师点评	1. 普通话声母、韵母、声调准确					
	2. 说话过程中词汇、语法规范					
	3. 物流作品诵读过程中音变、重音、停顿和语调等基本准确					
总分						

模块三

物流管理口语应用

在本模块中，将学习物流管理口语应用，具体包括：采购口语应用、运输口语应用、存储口语应用、装卸口语应用、搬运口语应用、包装口语应用、配送口语应用、客服口语应用。具体将通过词组训练、语句训练、会话训练、短文朗读、巩固练习、拓展训练等多种训练形式，对接物流管理企业的工作语境，在真实的语言表达任务引导下，在物流情境下进行自由对话，汇报物流成果，呈现物流作品等，以提高普通话水平和口语交际能力。

概述 口语运用技巧

为了不断提高物流口语运用能力，可以试着掌握以下口语运用技巧。

一 完整地表达相关语言信息

在物流口语情境中，不仅要说清楚一件事情的时间、地点、起因、经过，还要交代清楚参与相关工作的人员和工作的步骤、流程等，最后还要说明工作的具体成效。这些内容的要素，应该完整、准确，才能达到表达的目的或意义，帮助我们客观陈述物流具体工作的相关内容。

二 条理清楚，层次分明

在物流工作环境中，常常需要介绍一件事情的工作流程或介绍某个货物的特点，完成配送方式咨询、送货交货等任务，运用普通话知识和技巧介绍物流客服流程，并完成有效处理客户投诉等工作。为了使对方快速、准确地理解我们所要传达的信息，可以按照时间或空间顺序，或者从里到外、从上到下的顺序，依次介绍货物或工作流程，方便对方理解我们的语言内容。

三 语言流畅，用词得当

为了在物流工作场景中准确地介绍工作进展，更好地进行语言沟通，在进行语言表达的过程中，可以提前做好一定的准备，将想要表达的内容列出提纲，打好腹稿，同时，使用专业物流术语，将工作内容无误地表达出来。

四 重点突出，中心明确

在企业日常的物流工作中，常常涉及物流产品的介绍，物流情境中的自由对话，汇报物流成果，呈现物流作品等，在语言表达的时候，一定要对所表达对象的重点和特色了如指掌，通过强化重音、提高语调、适当停顿等方式，突出重点，引起听众的注意与重视。

想要提升物流口语运用能力，不仅要具备扎实的物流专业知识，还需要树立吃苦耐劳、热情服务、细心耐心等良好的职业道德和为物流行业无私奉献的精神，从工作的细节入手，掌握完整的语言信息，使用恰当的词语、流畅的语言，条理清楚、层次分明、重点突出、中心明确地进行表达，才能事半功倍。

任务1 采购口语应用

学习目标

1. 掌握物流采购行业专业术语的语言规范表述和正确的语音语调。

2. 能够熟练运用普通话知识和技巧介绍采购的相关知识，并使用普通话完成采购洽商、谈判等交际任务。

3. 感受母语的语言魅力，感知商品采购技巧，培养规范商品采购行为的职业意识和精神。

知识内容

一 词组训练

1. 采购计划

采购 cǎigòu　物料 wùliào　需求 xūqiú　参数 cānshù
预算 yùsuàn　利润 lìrùn　价格 jiàgé　订单 dìngdān
数量 shùliàng　计划 jìhuà　种类 zhǒnglèi　时间 shíjiān
方式 fāngshì　供应 gōngyìng　库存 kùcún　审批 shěnpī
制定 zhìdìng　货源 huòyuán　定量 dìngliàng　定期 dìngqī
请购单 qǐnggòudān　供应商 gōngyìngshāng　订货法 dìnghuòfǎ
原材料 yuáncáiliào　零部件 língbùjiàn　主产品 zhǔchǎnpǐn
需求量 xūqiúliàng　消耗量 xiāohàoliàng　小批量 xiǎopīliàng
可用量 kěyòngliàng　毛需求 máoxūqiú　库存量 kùcúnliàng
废品率 fèipǐnlǜ　损耗率 sǔnhàolǜ　采购部 cǎigòubù
物料清单 wùliào-qīngdān　产品库存 chǎnpǐn-kùcún
市场调查 shìchǎng-diàochá　供货周期 gōnghuò-zhōuqī
需求报表 xūqiú-bàobiǎo　定性预测 dìngxìng-yùcè
定量预测 dìngliàng-yùcè　原料库存 yuánliào-kùcún
订单计划 dìngdān-jìhuà　物资消耗 wùzī-xiāohào

2. 采购方式

买方 mǎifāng　卖方 màifāng　委托 wěituō　审核 shěnhé
开标 kāibiāo　评标 píngbiāo　答疑 dá'yí　考察 kǎochá
预审 yùshěn　公示 gōngshì　签订 qiāndìng　填制 tiánzhì
询价 xúnjià　报价 bàojià　评审 píngshěn　比较 bǐjiào
确定 quèdìng　成交 chéngjiāo　公告 gōnggào　发放 fāfàng
竞争性 jìngzhēngxìng　选择性 xuǎnzéxìng　技术性 jìshùxìng
投标商 tóubiāoshāng　供应商 gōngyìngshāng　承包商 chéngbāoshāng
择优率 zéyōulǜ　邀请书 yāoqǐngshū　概念化 gàiniànhuà
报价方 bàojiàfāng　采购方 cǎigòufāng　中标人 zhòngbiāorén
投标人 tóubiāorén　评标人 píngbiāorén　唱标人 chàngbiāorén
招标采购 zhāobiāo-cǎigòu　招标文件 zhāobiāo-wénjiàn
谈判采购 tánpàn-cǎigòu　询价采购 xúnjià-cǎigòu
电子采购 diànzǐ-cǎigòu　政府采购 zhèngfǔ-cǎigòu
投标竞争 tóubiāo-jìngzhēng　投标意向 tóubiāo-yìxiàng
应邀单位 yìngyāo-dānwèi　资格预审 zīgé-yùshěn

3. 采购洽商

方案 fāng'àn　议程 yìchéng　磋商 cuōshāng　谈判 tánpàn
价格 jiàgé　规格 guīgé　质量 zhìliàng　品种 pǐnzhǒng
权利 quánlì　义务 yìwù　责任 zérèn　意向 yìxiàng
洽商 qiàshāng　搜寻 sōuxún　选择 xuǎnzé　采购 cǎigòu
谈判 tánpàn　起草 qǐcǎo　签订 qiāndìng　达成 dáchéng
运杂费 yùnzáfèi　装卸费 zhuāngxièfèi　保险费 bǎoxiǎnfèi
消费税 xiāofèishuì　增值税 zēngzhíshuì　资源税 zīyuánshuì
目标值 mùbiāozhí　超出额 chāochū'é　节约额 jiéyuē'é
交货期 jiāohuòqī　原材料 yuáncáiliào　供应链 gōngyìngliàn
采购员 cǎigòuyuán　谈判者 tánpànzhě　参与者 cānyùzhě
谈判程序 tánpàn-chéngxù　合同草案 hétóng-cǎoàn
物资类别 wùzī-lèibié　品质要求 pǐnzhì-yāoqiú
生产企业 shēngchǎn-qǐyè　流通企业 liútōng-qǐyè
法定代表 fǎdìng-dàibiǎo　经营范围 jīngyíng-fànwéi
营业执照 yíngyè-zhízhào　注册资本 zhùcè-zīběn

4. 采购管理

绩效 jìxiào　控制 kòngzhì　风险 fēngxiǎn　成本 chéngběn
询价 xúnjià　比价 bǐjià　议价 yìjià　买价 mǎijià

批量 pīliàng　折扣 zhékòu　利润 lìrùn　付款 fùkuǎn
差额 chā'é　指标 zhǐbiāo　目标 mùbiāo　衡量 héngliáng
工时 gōngshí　效率 xiàolǜ　品质 pǐnzhì　协同 xiétóng
申购单 shēngòudān　订购单 dìnggòudān　回执联 huízhílián
物料联 wùliàolián　请款联 qǐngkuǎnlián　承办联 chéngbànlián
完成率 wánchénglǜ　周转率 zhōuzhuǎnlǜ　供应率 gōngyìnglǜ
采购人 cǎigòurén　候选人 hòuxuǎnrén　当事人 dāngshìrén
通知单 tōngzhīdān　验收单 yànshōudān　收货单 shōuhuòdān
成本控制 chéngběn-kòngzhì　采购任务 cǎigòu-rènwù
存储成本 cúnchǔ-chéngběn　缺货成本 quēhuò-chéngběn
资料存档 zīliào-cúndàng　物料需求 wùliào-xūqiú
验收付款 yànshōu-fùkuǎn　采购成本 cǎigòu-chéngběn
合理损耗 hélǐ-sǔnhào　供应市场 gōngyìng-shìchǎng

二　语句训练

朗读下列语句，注意音变、重音、停顿和语调等语音现象。

1. 变调

（1）电子采（cǎi，21）购是由采（cǎi，21）购方发起的一种采（cǎi，21）购行为，是一种不见面的网上交易，如网（wǎng，21）上招标、网（wǎng，21）上竞标、网（wǎng，21）上谈判等。

（2）谈判小组所有成员集中与每个单一（yī，55）供应商分别进行谈判。在谈判中，谈判的任何一（yì，51）方不得透露与谈判有关的其他供应商的技术资料、价格和其他信息。

（3）采购成本下降不（bù，51）仅体现在企业现金流出的减少，而且直接体现在产品成本的下降、利润的增加，以及企业竞争力的增强。控制好采购成本并使之不（bú，51）断下降，是一个企业不断降低产品成本、增加利润的重要手段之一。

2. 重音

（1）制定订单计划是采购计划的最后一个环节，也是最重要的环节，主要包括对比需求和容量、综合平衡、确定余量认证计划，以及制定订单计划。

（2）招标采购是在众多供应商中选择最佳供应商的有效方法。它体现了公平、公开和公正的原则，其主要特点有三个：第一，程序规范；第二，公开性；第三，一次成交。

（3）采购部门是企业的重要业务部门，其工作职责是指采购部门在企业分工与合作中的责任，主要是采购职能、执行职能、采购管理职能与支持职能。

3. 停顿

（1）企业采购计划的制定/是一项很复杂、很细致的工作，//其编制程序/各不相同，//但大体可以分为/准备阶段、平衡阶段和采购计划编制阶段。

（2）公开招标/是指招标采购单位/依法以招标公告的方式/邀请不特定的供应商/参加投标。//公开招标/应作为招标采购的/主要采购方式。

（3）采购绩效评估指标的确定/是一项具有挑战性的工作。//它是/评估采购工作成果的尺度和标准，//是准确、客观、全面、科学地进行采购绩效评估/的前提和基础。

4. 语调

（1）采购计划是指采购部门为配合企业的销售和生产，（→）对所需的原材料、（↗）零部件等的数量、成本做出的翔实计划。（↘）

（2）在确定选择供应商的标准时，（↗）一定要考虑短期标准和长期标准，（→）把两者结合起来，（→）才能使所选择的标准更全面，（→）进而利用标准对供应商进行评价，（→）最终寻找到理想的合格供应商。（↘）

（3）采购管理是指为保障企业物资供应而对企业的整个采购过程进行计划、（→）组织、（↗）指挥、（↗）协调和控制等活动，（→）保证采购计划的完成。（↘）

三 会话训练

采购是企业的一项经营活动，是从资源市场获取资源的过程。采购是保证企业生产经营正常进行的必要条件。小张在某公司的采购部任职，朋友小吴向其了解采购流程的相关事宜。

朗读下列对话，掌握采购的相关要素，并注意音变、重音、停顿和语调。

小吴：你好，小张。听说你在公司采购部工作。你能介绍下你的工作职责①吗？

小张：当然没问题！采购工作非常细致。首先，采购之前，需要做需求分析②。然后，必须填写大量的表格，注明产品质量③、尺寸④、日期、包装⑤、运输⑥类型等。这样才能保证整个采购过程顺利进行。

小吴：真的是特别细致。完成这些工作之后，开始选择供应商，对吗？

小张：没错。在选择供应商时，必须综合考虑价格、信誉⑦、交货速度⑧等多方面的因素。

小吴：明白了。在完成所有工作之后，只需要等待发货，是吗？

小张：是的！一旦交付订单，就必须写明供应商的资质⑨。我们必须仔细检查每一个步骤，看是否完全符合我们的要求。这些报告为进一步合作⑩提供了参考。

小吴：谢谢你告诉我这些信息。

小张：不客气。

语音注释：

①职责 zhízé　②需求分析 xūqiú-fēnxī

③质量 zhìliàng　④尺寸 chǐcùn

⑤包装 bāozhuāng　⑥运输 yùnshū

⑦信誉 xìnyù　⑧交货速度 jiāohuò-sùdù

⑨资质 zīzhì　⑩合作 hézuò

四 短文朗读

采购涵盖了从供应商到需求者之间的货物、技术、信息或服务流动的全过程。企业通过实施有效的计划、组织与控制等采购管理活动，选择合理的采购方式、采购品种、采购批量、采购频率和采购地点，以保证经营活动的有效开展。

朗读下列短文，了解采购物流的内涵，并注意音变、重音、停顿和语调。

采购物流

由于国际劳动分工的形成，生产①某些商品或提供某些服务的公司可能不能够生产其产品所需的所有原料②和成分。因此，它们需要寻找专门生产这些原材料、商品或提供专门服务的其他公司。采购物流便由此产生。

采购是指一个企业或组织机构为实现其企业目标而购买商品或服务的行为。采购部门负责通过购买③或租赁④的方式获取设备、原材料、日用品和服务。尽管曾有组织尝试在采购的过程中设置标准⑤，但实际上不同的组织之间采购的过程差别很大。曾有人说，采购就是以合理的价格从恰当的途径⑥获取正确数量的优质⑦材料。“正确”这一条件也往往需视情况而定，因为每个组织对“正确”的定义也不尽相同⑧。这就意味着，特别指出的“正确”必须与企业目标相一致。例如，宜家公司一直将广告的重心放在可持续发展上。因此，宜家公司在采购诸如木材等原材料的时候，会选择那些每砍下一棵树就补种一棵新树苗的供应商。如果供应商不这样做，他们将会违反合同⑨，并将受到严厉的惩罚。

企业需要建立基于需求⑩的分析来有效地购买商品的系统。简而言之，需求分析⑪指的是通过做研究来确定公司对原材料、商品或服务所需的种类和数量。

同时，我们也需要对资源市场⑫进行分析。企业通过研究资源市场的组成来确定性价比⑬最高的货源⑭。这种分析包括对资源分布⑮、供应商、种类、质量、价格以及运输可行性⑯的了解。

语音注释：

①生产 shēngchǎn　②原料 yuánliào
③购买 gòumǎi　④租赁 zūlìn
⑤标准 biāozhǔn　⑥途径 tújìng
⑦优质 yōuzhì　⑧不尽相同 bùjìn-xiāngtóng
⑨合同 hétóng　⑩需求 xūqiú
⑪分析 fēnxī　⑫市场 shìchǎng
⑬性价比 xìngjiàbǐ　⑭货源 zīyuán
⑮资源分布 zīyuán-fēnbù　⑯可行性 kěxíngxìng

巩固练习

朗读下列词语，注意声母、韵母、声调、变调以及词语轻重格式。

编制 biānzhì	请购 qǐnggòu	样本 yàngběn	运费 yùnfèi
货源 huòyuán	规格 guīgé	存货 cúnhuò	市场 shìchǎng
积压 jīyā	资金 zījīn	产销 chǎnxiāo	产地 chǎndì
预算 yùsuàn	备案 bèi'àn	注册 zhùcè	竞价 jìngjià
减价 jiǎnjià	出价 chūjià	反馈 fǎnkuì	提示 tíshì
咨询 zīxún	谈判 tánpàn	提案 tí'àn	决策 juécè
权限 quánxiàn	信用 xìnyòng	资质 zīzhì	许可 xǔkě
签约 qiānyuē	合同 hétóng	协议 xiéyì	购销 gòuxiāo
经营 jīngyíng	授权 shòuquán	调整 tiáozhěng	标准 biāozhǔn
交货 jiāohuò	考察 kǎochá	走势 zǒushì	业绩 yèjì

市场部 shìchǎngbù	品管部 pǐnguǎnbù	计划员 jìhuàyuán
保证金 bǎozhèngjīn	有效期 yǒuxiàoqī	报价表 bàojiàbiǎo
交货期 jiāohuòqī	折扣点 zhékòudiǎn	消费税 xiāofèishuì
采购单 cǎigòudān	进货单 jìnhuòdān	退回单 tuìhuídān
付款人 fùkuǎnrén	收款人 shōukuǎnrén	应付款 yīngfùkuǎn
保管员 bǎoguǎnyuán	处理单 chǔlǐdān	入库单 rùkùdān
连续性 liánxùxìng	权威性 quánwēixìng	稳定性 wěndìngxìng
高峰期 gāofēngqī	低谷期 dīgǔqī	供应链 gōngyìngliàn
决策权 juécèquán	验收员 yànshōuyuán	请购单 qǐnggòudān
交货率 jiāohuòlǜ	竞争力 jìngzhēnglì	合格率 hégélǜ

订单容量 dìngdān-róngliàng	采购单证 cǎigòu-dānzhèng
资金筹措 zījīn-chóucuò	需求预测 xūqiú-yùcè
产品样本 chǎnpǐn-yàngběn	供应市场 gōngyìng-shìchǎng

销售预测 xiāoshòu-yùcè
到货日期 dàohuò-rìqī
产品质量 chǎnpǐn-zhìliàng
经验估计 jīngyàn-gūjì
订单周期 dìngdān-zhōuqī
技术规格 jìshù-guīgé
合同中止 hétóng-zhōngzhǐ
核准支付 hézhǔn-zhīfù
信用状况 xìnyòng-zhuàngkuàng
质量认证 zhìliàng-rènzhèng
数量折扣 shùliàng-zhékòu
标准成本 biāozhǔn-chéngběn
订单环境 dìngdān-huánjìng
出厂价格 chūchǎng-jiàgé
采购战略 cǎigòu-zhànlüè
统计分析 tǒngjì-fēnxī
成本归属 chéngběn-guīshǔ
购销合同 gòuxīao-hétóng
采购订单 cǎigòu-dìngdān
合并订单 hébìng-dìngdān
交付周期 jiāofù-zhōuqī
采购数量 cǎigòu-shùliàng
动态指标 dòngtài-zhǐbiāo
评估指标 pínggū-zhǐbiāo

拓展训练

采购合同的填制

采购合同是企业（供方）与分供方，经过双方谈判协商一致同意而签订的“供需关系”的法律性文件，合同双方都应遵守和履行。作为商务性的契约文件，其内容条款一般应包括：供方与分供方的全名、法人代表，以及双方通信联系的电话、电报、电传等；采购货品的名称、型号和规格，以及采购的数量、价格和交货期，交付方式和交货地点，质量要求和验收方法，以及不合格品的处理。

1. 请朗读以下语句和词组，注意声母、韵母、声调、变调、音变、重音、停顿和语调等语言现象。

2. 将提示的信息填入下列采购合同的相关栏目里。

采购信息

1. 数量
2. 包装
3. 原产地
4. 合同产品
5. 该合同应遵循以下条款。
6. 从收到信用证之日起，货物将在 30～45 天之内被安排装运。
7. 双方均同意遵守所有条款的规定。该合同应在见证人在场的情况下由双方签署。
8. 买方应在开证行同意签发之日起五天之内开具一张完全保兑的、不可撤销的、以卖方为受益人的信用证。

9. 买方应通过传真或电子邮件的方式，提供给卖方一个表格，表明所需的数量。卖方应至少在船只抵达卸货港前七天通知买方货船预计抵达的时间。

10. 从合同执行之日起产生的所有争论或分歧应通过双方的友好协商解决。在没有达成共识的情况下，争端应提交到仲裁机构解决。仲裁地设在大连，由大连市仲裁委员会进行裁决。

11. 不可抗力包括战争、封锁、罢工、停工、骚乱、政府进出口限制、火灾或水灾造成的严重破坏或其他人类无法控制的自然因素。

12. 该合同是由大地有限公司的代表张路（以下简称卖方）和华盛公司的代表田力（以下简称买方）共同签署的；卖方同意出售及买方同意购买大豆（以下简称合同产品）。任何由于不可抗力因素而导致货物未交付或是合同违约，卖方或买方不承担责任。

表 1　企业采购合同样本

采购合同

①

合同产品的质量、规格和数量均已获得双方的共同确认。②

1. ③：小麦
2. ④：6000 公吨
3. ⑤：中国
4. 装运：⑥
5. 价格：1.38元/斤
6. ⑦：木箱
7. 付款方式：

⑧

8. 准备就绪的通知：

⑨

9. 不可抗力：

任何由于不可抗力因素而导致货物未交付或是合同违约，卖方或买方不承担责任。⑩

10. 仲裁：

⑪____

____

⑫____

卖方：张路

买方：田力

日期：2023 年 7 月 7 日

（答案：12-5-4-1-3-6-2-8-9-11-10-7）

任务考核

任务 1　采购口语应用考核评分表

评价主体	评价项目与内容	评价分值（分）				
		10	7	5	3	1
学生自评	1. 学习主动性高，课堂表现积极活跃					
	2. 掌握采购专业术语的中文规范表述					
	3. 能够使用普通话正确介绍采购行业					
	4. 能够用中文完成采购合同的填写					
学生互评	1. 乐于助人，善于团队合作					
	2. 课堂表现积极、乐于语言学习					
	3. 普通话正音效果显著					
教师点评	1. 普通话声母、韵母、声调准确					
	2. 普通话重音、停顿、语调规范					
	3. 采购专业术语表达规范，使用正确					
总分						

任务2 运输口语应用

学习目标

1. 掌握物流运输行业专业术语的语言规范表述和正确的语音语调。

2. 能够熟练运用普通话知识和技巧介绍我国运输行业，并使用普通话完成运输方式咨询、运输谈判等交际任务。

3. 感受母语的语言魅力，感知我国运输行业的发展和前景，树立为国家运输行业做贡献的主人翁精神。

知识内容

一 词组训练

1. 运输方式

公路 gōnglù　汽车 qìchē　国道 guódào　站场 zhànchǎng

铁路 tiělù　机车 jīchē　轨道 guǐdào　区段 qūduàn

水路 shuǐlù　货船 huòchuán　航道 hángdào　港口 gǎngkǒu

航空 hángkōng　班机 bānjī　航线 hángxiàn　导航 dǎoháng

管道 guǎndào　管路 guǎnlù　滴头 dītóu　输送 shūsòng

行车道 xíngchēdào　拖挂车 tuōguàchē　货运站 huòyùnzhàn

中间站 zhōngjiānzhàn　区段站 qūduànzhàn　中转站 zhōngzhuǎnzhàn

载货船 zàihuòchuán　工业港 gōngyègǎng　集装箱 jízhuāngxiāng

航空站 hángkōngzhàn　预配舱 yùpèicāng　提板箱 tíbǎnxiāng

固体舱 gùtǐcāng　输油站 shūyóuzhàn　提货单 tíhuòdān

载货汽车 zàihuò-qìchē　货运代理 huòyùn-dàilǐ

电力机车 diànlì-jīchē　联锁设备 liánsuǒ-shèbèi

班轮运输 bānlún-yùnshū　船舶配载 chuánbó-pèizài

航班跟踪 hángbān-gēnzōng　集中托运 jízhōng-tuōyùn

原油管道 yuányóu-guǎndào　滴灌系统 dīguàn-xìtǒng

2. 运输货物

气体 qìtǐ　液体 yètǐ　固体 gùtǐ　爆炸 bàozhà
干耗 gānhào　挥发 huīfā　渗漏 shènlòu　沾染 zhānrǎn
飞扬 fēiyáng　散失 sànshī　热变 rèbiàn　自热 zìrè
异味 yìwèi　有毒 yǒudú　易燃 yìrán　忌装 jìzhuāng
货物 huòwù　件号 jiànhào　质量 zhìliàng　标记 biāojì
感染性 gǎnrǎnxìng　放射性 fàngshèxìng　吸湿性 xīshīxìng
黏附性 niánfùxìng　冻结性 dòngjiéxìng　易腐性 yìfǔxìng
自燃性 zìránxìng　锈蚀性 xiùshíxìng　脆弱性 cuìruòxìng
流动性 liúdòngxìng　涨缩性 zhàngsuōxìng　互抵性 hùdǐxìng
副标志 fùbiāozhì　混合物 hùnhéwù　目的地 mùdìdì
普通货物 pǔtōng-huòwù　大件物品 dàjiàn-wùpǐn
爆炸物质 bàozhà-wùzhì　危险货物 wēixiǎn-huòwù
超限货物 chāoxiàn-huòwù　易碎物品 yìsuì-wùpǐn
贵重物品 guìzhòng-wùpǐn　鲜活货物 xiānhuó-huòwù
硬质货物 yìngzhì-huòwù　水湿货物 shuǐshī-huòwù

3. 运输作业

整车 zhěngchē　件装 jiànzhuāng　散装 sǎnzhuāng　货票 huòpiào
零担 língdàn　受理 shòulǐ　起票 qǐpiào　路单 lùdān
特种 tèzhǒng　载货 zàihuò　运送 yùnsòng　运单 yùndān
集装 jízhuāng　报关 bàoguān　结关 jiéguān　运量 yùnliàng
联运 liányùn　衔接 xiánjiē　协作 xiézuò　票据 piàojù
托运单 tuōyùndān　零担车 língdànchē　内容积 nèiróngjī
经营人 jīngyíngrén　托运人 tuōyùnrén　承运人 chéngyùnrén
载重量 zàizhòngliàng　吞吐量 tūntǔliàng　交通量 jiāotōngliàng
装卸区 zhuāngxièqū　处理站 chǔlǐzhàn　停车场 tíngchēchǎng
附属件 fùshǔjiàn　配载图 pèizàitú　混合物 hùnhéwù
货源组织 huòyuán-zǔzhī　托运受理 tuōyùn-shòulǐ
拣货司磅 jiǎnhuò-sībàng　开票收费 kāipiào-shōufèi
验收入库 yànshōu-rùkù　配载装车 pèizài-zhuāngchē
车辆运行 chēliàng-yùnxíng　货物中转 huòwù-zhōngzhuǎn
到达卸货 dàodá-xièhuò　货物交付 huòwù-jiāofù

4. 运输管理

机构 jīgòu　体系 tǐxì　责任 zérèn　服务 fúwù
成本 chéngběn　效益 xiàoyì　指数 zhǐshù　效率 xiàolǜ

安排ānpái	防范 fángfàn	处理 chǔlǐ	评价 píngjià
计划 jìhuà	编制 biānzhì	清点 qīngdiǎn	监控 jiānkòng
投诉 tóusù	破损 pòsǔn	错发 cuòfā	错运 cuòyùn

事业部 shìyèbù	公路网 gōnglùwǎng	运输量 yùnshūliàng
参与者 cānyùzhě	所有者 suǒyǒuzhě	代理人 dàilǐrén
整体性 zhěngtǐxìng	层次性 céngcìxìng	动态性 dòngtàixìng
稳定型 wěndìngxíng	自用型 zìyòngxíng	营业型 yíngyèxíng
直线制 zhíxiànzhì	职能制 zhínéngzhì	矩阵制 jǔzhènzhì

货源组织 huòyuán-zǔzhī	路径规划 lùjìng-guīhuà
指挥调度 zhǐhuī-diàodù	货物交接 huòwù-jiāojiē
回单统计 huídān-tǒngjì	功能传送 gōngnéng-chuánsòng
货流规律 huòliú-guīlǜ	运输质量 yùnshū-zhìliàng
效用指标 xiàoyòng-zhǐbiāo	货物密度 huòwù-mìdù

二 语句训练

朗读下列语句，注意音变、重音、停顿和语调等语音现象。

1. 变调

（1）我国的铁（tiě，21）路枢纽，基本上分布在运网发达、干线相交、运量集中的省（shěng，21）、区政治、经济中心、工业基地和水（shuǐ，21）路联运中心。

（2）作为与集装箱类似的一（yì，51）种集装设备，托盘已广泛应用于生产、运输、仓储和流通等领域，被认为是 20 世纪物流产业中两大关键性创新之一（yī，55）。

（3）危险货物不（bú，35）是任何车辆都能运输的。根据不（bù，51）同的危险品，需要配置不（bù，51）同装置的专用车辆，并且对技术状况的要求更加严格，必须做到万无一失。

2. 重音

（1）长江是我国内河通航的最大河流，整个水系有通航支流 3500 多条，通航里程 7 万多千米，占全国内河航道总里程的 70%。

（2）零担货物运输是指托运人一次托运的货物在 3 吨（不含 3 吨）以下，即货物数量不足一个整车的运输。

（3）联合运输包括运输协作和联运两个部分，联运的生产活动是在“线”上进行的，运输协作是在“点”上进行的。

3. 停顿

（1）铁路货物运输/主要是以牵引机车为动力，//编挂一定数量的/符合列车编组计划、列车运行图、/铁路技术管理规程/等规定要求的车组，//并由挂有列车标志的单元货物列车/来完成运输业务。

（2）管道运输/是随着石油工业的生产/而产生和发展的。//按铺设工程，/可分为架空管道、地面管道和地下管道；//按地理范围，/可分为原油管道、成品油管道和河泊管道；//按运输对象，/可分为液体管道、气体管道和水浆管道。

（3）由于大件物品一般具有超长、超宽、超高、集重等特征，//因此/适合于大件物品的运输方式/主要有四种，即铁路运输、公路运输、/水路运输及联合运输。

4. 语调

为了保证货物运输安全和货物质量，（↘）有必要掌握不同货物所具有的特性。（→）

目前，（↗）危险货物运输实行业务专营、车辆专用、人员专业等政策，（↘）以保证运输中的安全。（→）

货运过程一般包括货物装运前的准备工作、装车、运送、卸车、保管和交付等环节。（→）货物只有在完成了上述各项作业后，（↘）才能完成空间的位移。（→）

三 会话训练

运输方式的选择是物流系统决策中的一个重要环节，是物流合理化的重要内容。进出货物需要选择最合适的运输方式，同时也需要完善运输手续。张经理和助理小李正在讨论客户订单发货的相关事宜。朗读下列对话，掌握运输的相关要素，并注意音变、重音、停顿和语调。

张经理：小李，根据客户要求，我们下周需要先发送①一部分订单②。我想空运③这部分货物。

李助理：好的，张经理。请问您是要空运全部货物吗？

张经理：不，一半航空运输，另一半公路运输。

李助理：那您需要货运代理④吗？

张经理：我们需要向货运代理提供⑤什么文件？

李助理：我们需要提交保险证明书⑥，还有商业发票⑦。发票需要有货物的准确信息，例如货物价值、货物数量、发货人和收货人的名称。

张经理：是货运代理选择保险公司吗？

李助理：是的，由收货人支付保险费。保险公司会开具保险费收据⑧，它可以保证货物安全到达。

张经理：那我们明天上午把该批货物送到货运代理处。

李助理：好的。稍后我会带回运输文件，并向您汇报运输细节。

张经理：很好，我期待着你的消息。

语音注释：

①发送 fāsòng　②订单 dìngdān

③空运 kōngyùn　④货运代理 huòyùn-dàilǐ

⑤提供 tígōng　⑥保险证明书 bǎoxiǎn-zhèngmíngshū

⑦商业发票 shāngyè-fāpiào　⑧保险费收据 bǎoxiǎnfèi-shōujù

四　短文朗读

影响运输手段选择的因素包括货物性质，运输时间，交货时间，运输成本，运输的机动性、便利性、安全性和准确性等。

朗读下列短文，比较五种运输方式的优劣，并注意音变、重音、停顿和语调。

我们如何运输货物

货物①必须从产地运往消费者所在地。目前有五种主要的货物运输方式，即铁路、水路、公路、管道和航空运输。每种运输方式都有其不同的运载②工具。

铁路在整个货物运输中占据了重要的地位。铁路运输的优势在于这种运输方式能满足不同的需求。货物无论轻重均可通过铁路运输，速度亦可变化。改装车厢③可用来运输特殊货物；冷藏车厢④运输鲜活易腐货物；油罐车厢⑤运输油品，其他货物可使用自卸车厢⑥。相较于其他运输方式，铁路运输的运费⑦是比较优惠的。

大宗货物⑧可以采用什么运输方式呢？相对于其重量而言，大宗货物的运输价值⑨较低。如果运输速度⑩不是最主要的考虑因素，水路运输应该是不二之选。集装箱货轮⑪常用于国家之间的货物运输，特殊设计的矿石货船⑫用于运输矿石，运输原油则使用油轮⑬。

公路货车不太适合运输体积大、价值低的货物。不过，它们能实现门到门⑭的运送，因为连最偏僻的地方它们都能去。这样就避免了反复地搬运⑮和转运。而这也正是公路运输的优势。人们使用罐车⑯运输液体，用冷藏车⑰运输易腐货物，而厢式货车⑱则用来运输家具及昂贵的商品。

管道可远距离运输液体、气体或固液态混合体，可铺设于地上或水下。与其他运输工具相比，用管道运输原油⑲和天然气经济实惠，运输量大时尤其如此。然而，管道建设及维护却需要大量的资金投入。

当其他考虑优先于高昂的运费时，则可选择航空货运。例如，运输易腐货物、药品或机器备件⑳时，速度是最重要的因素；而对于昂贵商品的运输，安全性则最为关键。

语音注释：

①货物 huòwù	②运载 yùnzài
③改装车厢 gǎizhuāng-chēxiāng	④冷藏车厢 lěngcáng-chēxiāng
⑤油罐车厢 yóuguàn-chēxiāng	⑥自卸车厢 zìxiè-chēxiāng
⑦运费 yùnfèi	⑧大宗货物 dàzōng-huòwù
⑨运输价值 yùnshū-jiàzhí	⑩运输速度 yùnshū-sùdù
⑪货轮 huòlún	⑫矿石货船 kuàngshí-huòchuán
⑬油轮 yóulún	⑭门到门 méndàomén
⑮搬运 bānyùn	⑯罐车 guànchē
⑰冷藏车 lěngcángchē	⑱厢式货车 xiāngshì-huòchē
⑲原油 yuányóu	⑳备件 bèijiàn

巩固练习

朗读下列词语，注意声母、韵母、声调、变调以及词语轻重格式。

运输 yùnshū	道路 dàolù	路基 lùjī	桥隧 qiáosuì
航标 hángbiāo	商港 shānggǎng	输油 shūyóu	枢纽 shūniǔ
制签 zhìqiān	配舱 pèicāng	订舱 dìngcāng	出港 chūgǎng
装车 zhuāngchē	分运 fēnyùn	补运 bǔyùn	转运 zhuǎnyùn
库场 kùchǎng	堆场 duīchǎng	容积 róngjī	配载 pèizài
契约 qìyuē	合同 hétóng	理货 lǐhuò	提单 tídān
托运 tuōyùn	进货 jìnhuò	验收 yànshōu	交付 jiāofù
运费 yùnfèi	发付 fāfù	到付 dàofù	分付 fēnfù
站点 zhàndiǎn	首站 shǒuzhàn	末站 mòzhàn	接货 jiēhuò
直达 zhídá	中转 zhōngzhuǎn	沿途 yántú	到达 dàodá

编组站 biānzǔzhàn	零担站 língdànzhàn	中间站 zhōngjiānzhàn
发货人 fāhuòrén	关系人 guānxìrén	收货人 shōuhuòrén
海岸港 hǎiàngǎng	积载图 jīzàitú	日报单 rìbàodān
航空器 hángkōngqì	预订舱 yùdìngcāng	装载量 zhuāngzàiliàng
京哈线 jīnghāxiàn	京沪线 jīnghùxiàn	京广线 jīngguǎngxiàn
北同蒲 běitóngpú	焦柳线 jiāoliǔxiàn	津沪线 jīnhùxiàn
青藏线 qīngzàngxiàn	兰新线 lánxīnxiàn	沪杭线 hùhángxiàn
浙赣线 zhègànxiàn	湘黔线 xiāngqiánxiàn	贵昆线 guìkūnxiàn
天津港 tiānjīngǎng	烟台港 yāntáigǎng	上海港 shànghǎigǎng
厦门港 xiàméngǎng	珠海港 zhūhǎigǎng	北海港 běihǎigǎng

基础设施 jīchǔ-shèshī
内河航道 nèihé-hángdào
公路布局 gōnglù-bùjú
运输船舶 yùnshū-chuánbó
南北纵线 nánběi-zòngxiàn
直达运输 zhídá-yùnshū
货运合同 huòyùn-hétóng
过驳清单 guòbó-qīngdān
联合运输 liánhé-yùnshū
识别标志 shíbié-biāozhì
气调储藏 qìdiào-chǔcáng
随时受理 suíshí-shòulǐ
挂靠车辆 guàkào-chēliàng
对流运输 duìliú-yùnshū
逾期运送 yúqī-yùnsòng
运输装备 yùnshū-zhuāngbèi
高速公路 gāosù-gōnglù
铁路干线 tiělù-gànxiàn
航空快递 hángkōng-kuàidì
东西横线 dōngxī-héngxiàn
运送速度 yùnsòng-sùdù
领货凭证 lǐnghuò-píngzhèng
配送系统 pèisòng-xìtǒng
运输变更 yùnshū-biàngēng
自然损耗 zìrán-sǔnhào
减压储藏 jiǎnyā-chǔcáng
预先审批 yùxiān-shěnpī
货物押运 huòwù-yāyùn
迂回运输 yūhuí-yùnshū
延时配送 yánshí-pèisòng

拓展训练

航空货运单的填写

航空货运单是一种运输合同，是由承运人或其代理人签发的一份重要的货物单据。一旦签发，便成为签署承运合同的书面证据。该承运合同必须由发货人或其代理人与承运人或其代理人签署后才能生效。

1. 请朗读以下短文，注意声母、韵母、声调、变调、音变、重音、停顿和语调等语言现象。

2. 根据短文提示，完成下列航空货运单的填写。

如何填写快递国际航空货运单

请用中文清晰打印或填写某快递国际航空货运单。填写时，请用力书写。

1. 寄件人信息：填写你的详细地址、电话号码和快递账号。

2. 收件人：为了确保投递无误，收件人信息必须完整清晰。

3. 货物信息：须具体详细。逐一列明每件物品，并填写所运货品的销售价格或合理的市场价格。

4. 运费：请选择运费的支付方式，并提供相应的快递账号或信用卡号。如果收件人不支付运费，寄件人则有义务支付。

5. 你的内部账单查询：为了便于记录，你可在此备用位置填写你的内部发货编号。我们将在你的发票上打印出该编号的前 24 个字母。

6. 必需的签名：最后请在航空运单上签名，撕下寄件人联留存，并将其余各联附在你的货件上。

某快递国际航空货运单

International Air Waybill

For FedEx services worldwide

1 From *Please print and press hard.*	
日期 Date	寄件快递单号 Sender's Account Number
寄件人姓名 Sender's Name	寄件人电话号码 Sender's Phone
寄件人公司 Sender's Company	
寄件人地址 Sender's Address	
收件人地址 Recipient's Address	
收件人城市 Recipient's City	收件人省/州 Recipient's Province / State
收件人国家 Recipient's Country	收件人邮政编码 Recipient's Zip Postal Code

任务考核

任务 2　运输口语应用考核评分表

评价主体	评价项目与内容	评价分值（分）				
		10	7	5	3	1
学生自评	1. 学习主动性强，课堂表现活跃					
	2. 掌握运输行业术语的中文规范表述					
	3. 能够用普通话规范介绍国内外运输行业					
	4. 能够用中文完成航空运单的填写					
学生互评	1. 乐于助人，善于团队合作					
	2. 课堂表现积极、乐于语言学习					
	3. 普通话正音效果显著					
教师点评	1. 普通话声母、韵母、声调准确					
	2. 普通话重音、停顿、语调规范					
	3. 运输专业术语表达规范，使用正确					
总分						

任务 3 存储口语应用

学习目标

1. 掌握物流存储系统专业术语的规范表述和正确的语音语调。

2. 能够熟练运用普通话知识和技巧介绍我国物流存储系统，并完成货品入库的交际任务及入库货物单填写的拓展训练。

3. 感知我国物流存储行业的发展和前景，减少语言交际困难，促进物流国际交往。

知识内容

一 词组训练

1. 存储设备

托盘 tuōpán　网络 wǎngluò　叉车 chāchē　滑车 huáchē

跳板 tiàobǎn　滑板 huábǎn　电梯 diàntī　货架 huòjià

货橱 huòchú　苫布 shànbù　油布 yóubù　枕木 zhěnmù

苫席 shànxí　地磅 dìbàng　卷尺 juǎnchǐ　风幕 fēngmù

水枪 shuǐqiāng　仪器 yíqì　货箱 huòxiāng　货棚 huòpéng

起重机 qǐzhòngjī　堆垛机 duīduòjī　搬运车 bānyùnchē

手推车 shǒutuīchē　输送机 shūsòngjī　轨道称 guǐdàochèng

流量仪 liúliàngyí　天平仪 tiānpíngyí　皮带秤 pídàichèng

电子秤 diànzǐchèng　测潮仪 cècháoyí　烘干箱 hōnggānxiāng

报警器 bàojǐngqì　消防车 xiāofángchē　温度仪 wēndùyí

装卸设备 zhuāngxiè-shèbèi　堆垛设备 duīduò-shèbèi

搬运设备 bānyùn-shèbèi　传送设备 chuánsòng-shèbèi

苫垫用品 shàndiàn-yòngpǐn　存货用具 cúnhuò-yòngjù

计量设备 jìliàng-shèbèi　养护设备 yǎnghù-shèbèi

通风设备 tōngfēng-shèbèi　消防云梯 xiāofáng-yúntī

2. 存储方式

访问 fǎngwèn　存档 cúndàng　宽带 kuāndài　备份 bèifèn
中转 zhōngzhuǎn　调仓 diàocāng　库存 kùcún　交付 jiāofù
返仓 fǎncāng　分拨 fēnbō　下架 xiàjià　盘盈 pányíng
压缩 yāsuō　加密 jiāmì　索引 suǒyǐn　同步 tóngbù
少量 shǎoliàng　缓存 huǎncún　漏洞 lòudòng　芯片 xīnpiàn
配送站 pèisòngzhàn　自提点 zìtídiǎn　承运商 chéngyùnshāng
易碎品 yìsuìpǐn　落地配 luòdìpèi　闪存卡 shǎncúnkǎ
处理器 chǔlǐqì　兆字节 zhàozìjié　逻辑卷 luójíjuàn
热备份 rèbèifèn　可用性 kěyòngxìng　控制器 kòngzhìqì
路镜像 lùjìngxiàng　局域网 júyùwǎng　扩展性 kuòzhǎnxìng
储配中心 chǔpèi-zhōngxīn　分拨中心 fēnbō-zhōngxīn
固态硬盘gùtài-yìngpán　光纤通道 guāngxiān-tōngdào
文件存储 wénjiàn-cúnchǔ　故障恢复 gùzhàng-huīfù
资源管理 zīyuán-guǎnlǐ　虚拟磁盘 xūnǐ-cípán
二进制代码 èrjìnzhì-dàimǎ　中央处理器 zhōngyāng-chǔlǐqì

3. 存储分类

调温 tiáowēn　泄压 xièyā　结构 jiégòu　操作 cāozuò
批发 pīfā　零售 língshòu　商业 shāngyè　效率 xiàolǜ
换装 huànzhuāng　车站 chēzhàn　码头 mǎtóu　存货 cúnhuò
中转 zhōngzhuǎn　冷藏 lěngcáng　商品 shāngpǐn　果品guǒpǐn
药材 yàocái　粮食 liángshi　恒温 héngwēn　食糖 shítáng
迷你仓 mínǐcāng　简易仓 jiǎnyìcāng　露天仓 lùtiāncāng
综合仓 zōnghécāng　多层仓 duōcéngcāng　保税仓 bǎoshuìcāng
商业仓 shāngyècāng　高层仓gāocéngcāng　公用仓gōngyòngcāng
楼房仓 lóufángcāng　流通仓 liútōngcāng　集装箱 jízhuāngxiāng
货架仓 huòjiàcāng　自用仓 zìyòngcāng　营业仓 yíngyècāng
专用仓库 zhuānyòng-cāngkù　通用仓库 tōngyòng-cāngkù
个人仓库gèrén-cāngkù　储备仓库 chǔbèi-cāngkù
批发仓库 pīfā-cāngkù　配送中心 pèisòng-zhōngxīn
超级市场 chāojí-shìchǎng　附属仓库 fùshǔ-cāngkù
特种仓库 tèzhǒng-cāngkù　柱式仓库 zhùshì-cāngkù

4. 存储管理

登账 dēngzhàng	库存 kùcún	包装 bāozhuāng	配送 pèisòng
计划 jìhuà	执行 zhíxíng	控制 kòngzhì	分拣 fēnjiǎn
拆包 chāibāo	检验 jiǎnyàn	分类 fēnlèi	分级 fēnjí
分装 fēnzhuāng	改装gǎizhuāng	验收 yànshōu	拆零 chāilíng
建档 jiàndàng	供应gōngyìng	堆放 duīfàng	续配 xùpèi

信息流 xìnxīliú	单证流 dānzhèngliú	中转站 zhōngzhuǎnzhàn
供应商gōngyìngshāng	补换货 bǔhuànhuò	暂存区 zàncúnqū
散数箱 sǎnshùxiāng	存货人 cúnhuòrén	货位图 huòwèitú
自动化 zìdònghuà	保质期 bǎozhìqī	送货单 sònghuòdān
提料单 tíliàodān	退货区 tuìhuòqū	录单员 lùdānyuán

单据账目 dānjù-zhàngmù	部门核算 bùmén-hésuàn
订单前置 dìngdān-qiánzhì	连线追溯 liánxiàn-zhuīsù
甲级物料 jiǎjí-wùliào	免检制度 miǎnjiǎn-zhìdù
储位管制 chǔwèi-guǎnzhì	中央调度 zhōngyāng-diàodù
自动扫描 zìdòng-sǎomiáo	退料确认 tuìliào-quèrèn

二 语句训练

朗读下列语句，注意音变、重音、停顿和语调等语音现象。

1. 变调

（1）在线储（chǔ，21）存的好处是读写（xiě，21）非常方便迅捷，缺点是相对较贵并且（qiě，21）容易因为误操作或者防病毒软（ruǎn，21）件的误删除而使（shǐ，21）数据受到损害。

（2）一（yí，35）个厂（chǎng，21）商的存货需求取决于网（wǎng，21）络结构和顾客服务期望的水平。从理论上讲，厂商会在设施中储备每一（yì，51）种销售产品，以致力于为每一（yí，35）位顾客服务。

（3）物资所停滞的位置，不（bú，35）是在生产（chǎn，35）线上，不（bú，35）是在车间里，也不（bú，35）是在非仓库中的任何位置，而是在仓库中。

2. 重音

（1）库存控制是受许多环境条件制约的，库存控制系统内部也存在“交替损益”现象，这些制约因素可以影响控制水平。

（2）仓储的保管作业包括商品从入库到出库之间的装卸、搬运、仓库内部布局、储存养护和流通加工等一切与商品实务操作、设备、人力资源相关的作业。

（3）在物流科学体系中，经常涉及库存、储备及储存这几个概念，而且经常被混淆。其实，三个概念虽有共同之处，但仍有区别，认识这个区别有助于理解物流中“储存”的含义和以后要遇到的零库存概念。

3. 停顿

（1）异站保护保证/即使站内数据丢失，/其他站点仍有数据副本。//异站保护可防止由自然灾害、人为错误/或系统崩溃/造成的数据丢失。

（2）近线存储/提供的数据获取便利性/相对差一些，/但是价格要便宜些。//自动磁带库/是其中的一个典型代表。//近线存储由于读取速度较慢，/主要用于归档较不常用的数据。

（3）库存控制系统/是以控制库存为共同目的的相关方法、手段、技术、管理及操作过程的集合，//这个系统贯穿于从物资的选择、规划、订货、进货、入库、储存/及至最后出库的一个长过程。

4. 语调

（1）脱机存储用于永久或长期保存数据，（↘）而又不需要介质当前在线或连接到存储系统上。（→）

（2）企业选地和选产一定意义上是库存对象物的供应条件的选择，（↘）即该供应条件是否能保证或满足某种方式的控制。（→）

（3）存储，（↗）就是在保证商品的质量和数量的前提下，（↘）根据一定的管理规则，在一定的时间把商品存放在一定场所的活动。（→）

三 会话训练

随着物流向供应链管理的发展，企业越来越多地强调存储作为供应链中的一个资源提供者的独特角色。仓库再也不仅是存储货物的库房了，仓库向配送中心在转化。黄经理和仓库管理员小王正在讨论商品入库的相关事宜。朗读下列对话，掌握存储的相关要素，并注意音变、重音、停顿和语调。

黄经理：小王，现在有一批货物需要入库[①]，请做好收货入库的工作。

小　王：好的，黄经理。请问是什么物品需要入库，是整箱[②]入库的货物吗？

黄经理：是的，是一批新研发的保养品。

小　王：物品已经经过质检[③]了吗？

黄经理：质检还没有进行，一定要严格质检，确保入库产品没有遭受污染[④]。

小　王：好的，黄经理。我会严格进行质检，做好新品的体积[⑤]和重量[⑥]测量[⑦]。

黄经理：是的，根据实际情况决定是否拆包[⑧]，最大程度节约成本。

小　王：确认货物信息后，我会根据 pad 上的指示，进行入库。

黄经理：辛苦你了，小王。

小　王：黄经理，这是我应该做的！

语音注释：

①入库 rùkù　②整箱 zhěngxiāng

③质检 zhìjiǎn　④污染 wūrǎn

⑤体积 tǐjī　⑥重量 zhòngliàng

⑦测量 cèliáng　⑧拆包 chāibāo

四 短文朗读

仓储物流，就是利用自建或租赁库房、场地储存、保管、装卸、搬运和配送货物。朗读下列短文，掌握仓库存储的相关要素，注意音变、重音、停顿和语调。

仓库与储存

库存①指的是仓库中处于暂时停滞状态②的物资。这里要明确两点③：其一，物资所停滞的位置④，不是在生产线上，不是在车间⑤里，也不是在非仓库中的任何位置，如汽车站、火车站等类型的流通节点⑥上，而是在仓库中；其二，物资的停滞状态可能由任何原因引起，而不一定是某种特殊的停滞。这些原因大体有：能动的各种形态的储备；被动的各种形态的超储⑦；完全的积压。

物资储备⑧是一种有目的的储存物资的行动，也是这种有目的的行动和其对象总体的称谓。物资储备的目的是保证社会再生产连续不断地、有效地进行。所以，物资储备是一种能动⑨的储存形式，或者说，是有目的的、能动的生产领域⑩和流通领域⑪中物资的暂时停滞，尤其是指在生产与再生产，生产与消费之间的那种暂时停滞。马克思讲的"任何商品，只要它不是从生产领域直接进入消费或个人消费，因而这个间歇期间⑫处在市场上它就是商品储备的要素"就是指的这种情况。

储备和库存的本质区别在于：第一，库存明确了停滞的位置，而储备这种停滞所处的地理位置⑬远比库存广泛得多，储备的位置可能在生产及流通中的任何节点上，可能是仓库中的储备，也可能是其他形式⑭的储备；第二，储备是有目的的、能动⑮的、主动的行动，而库存有可能不是有目的的，有可能完全是盲目的。

储存是包含库存和储备在内的一种广泛的经济现象，是一切社会形态都存在的经济现象。马克思指出："产品储存是一切社会所共有⑯的，即使它不具有商品储备形式这种属于流通过程的产品储备形式，情况也是如此。"

语音注释：

①库存 kùcún ②停滞状态 tíngzhì-zhuàngtài
③两点 liǎngdiǎn ④位置 wèizhì
⑤车间 chējiān ⑥流通节点 liútōng-jiédiǎn
⑦超储 chāochǔ ⑧物资储备 wùzī-chǔbèi
⑨能动 néngdòng ⑩生产领域 shēngchǎn-lǐngyù
⑪流通领域 liútōng-lǐngyù ⑫间歇期间 jiànxiē-qījiān
⑬地理位置 dìlǐ-wèizhì ⑭其他形式 qítā-xíngshì
⑮能动 néngdòng ⑯共有gòngyǒu

巩固练习

朗读下列词语，注意声母、韵母、声调、变调以及词语轻重格式。

组装 zǔzhuāng 打码 dǎmǎ 贴唛 tiēmài 储罐 chǔguàn
执行 zhíxíng 交付 jiāofù 订货 dìnghuò 交货 jiāohuò
来料 láiliào 清点 qīngdiǎn 送检 sòngjiǎn 存盘 cúnpán
审核 shěnhé 整盘 zhěngpán 复核 fùhé 装载 zhuāngzài
工令gōnglìng 日盘 rìpán 月盘 yuèpán 周盘 zhōupán
货垛 huòduò 组配 zǔpèi 缓存 huǎncún 货场 huòchǎng
料棚 liàopéng 群集 qúnjí 压缩 yāsuō 理货 lǐhuò
检验 jiǎnyàn 故障gùzhàng 恢复 huīfù 光纤guāngxiān
通道 tōngdào 媒介 méijiè 容错 róngcuò 节点 jiédiǎn
单据 dānjù 保护 bǎohù 贮藏 zhùcáng 票据 piàojù
服务器 fúwùqì 驱动器 qūdòngqì 可用性 kěyòngxìng
接收组 jiēshōuzǔ 收料组 shōuliàozǔ 发料组 fāliàozǔ
成品组 chéngpǐnzǔ 物料卡 wùliàokǎ 出货单 chūhuòdān
结存数 jiécúnshù 拣选区 jiǎnxuǎnqū 贴标签 tiēbiāoqiān
补货量 bǔhuòliàng 出货口 chūhuòkǒu 冷藏库 lěngcángkù
备料单 bèiliàodān 备拣单 bèijiǎndān 装配图 zhuāngpèitú
枢纽点 shūniǔdiǎn 散数箱 sǎnshùxiāng 前置期 qiánzhìqī
集装化 jízhuānghuà 散装化 sǎnzhuānghuà 冷藏区 lěngcángqū
冷冻区 lěngdòngqū 收货区 shōuhuòqū 发货区 fāhuòqū
箱式车 xiāngshìchē 换算箱 huànsuànxiāng 准时制 zhǔnshízhì
光导分拣 guāngdǎo-fēnjiǎn 声控技术 shēngkòng-jìshù
软件技术 ruǎnjiàn-jìshù 自动分拣 zìdòng-fēnjiǎn
客户服务 kèhù-fúwù 提取货物 tíqǔ-huòwù

生成凭证 shēngchéng-píngzhèng
交接手续 jiāojiē-shǒuxù
增值服务 zēngzhí-fúwù
声控技术 shēngkòng-jìshù
物资流转 wùzī-liúzhuǎn
库位编码 kùwèi-biānmǎ
组合包装 zǔhé-bāozhuāng
自动扫描 zìdòng-sǎomiáo
免检轨制 miǎnjiǎn-guǐzhì
有形损耗 yǒuxíng-sǔnhào
经常库存 jīngcháng-kùcún
库存周期 kùcún-zhōuqī
信息处理 xìnxī-chǔlǐ
周转速度 zhōuzhuǎn-sùdù
减少库存 jiǎnshǎo-kùcún
在库管理 zàikù-guǎnlǐ
动态管理 dòngtài-guǎnlǐ
循环盘点 xúnhuán-pándiǎn
出货管理 chūhuò-guǎnlǐ
调度补货 diàodù-bǔhuò
连线追溯 liánxiàn-zhuīsù
无形损耗 wúxíng-sǔnhào
安全库存ānquán-kùcún
定牌包装 dìngpái-bāozhuāng

拓展训练

装箱单的填写

装箱单是发票的补充单据，它列明了信用证（或合同）中买卖双方约定的有关包装事宜的细节，便于国外买方在货物到达目的港时供海关检查和核对货物，通常可以将其有关内容加列在商业发票上，但是在信用证有明确要求时，就必须严格按信用证约定制作。

1. 请朗读以下短文，注意声母、韵母、声调、变调、音变、重音、停顿和语调等语言现象。

2. 根据短文提示，完成下列货物装箱单的填写。

如何填写货物装箱单

请用中文清晰打印或填写货物装箱单。填写时，请用力书写。

1. 抬头：除非信用证特别要求，否则银行可接受装箱单表面无抬头（即无开证申请人名称和地址）的格式。

2. 号码：一般填发票号码。

3. 日期：装箱单填制日期一般与发票相同。如信用证未做规定，也可不注明出单日期。

4. 唛头：填写唛头必须与发票、信用证及实物印刷一致。

5. 货物描述：装箱单中所表明的货物应为发票中所描述的货物，但可用与其单据无矛盾的统称表示。

6. 数量及包装数量：数量按商品的正常计量单位填，包装填最大包装种类和件数。

7. 毛重、净重、体积：填写商品的毛重、净重、体积。

8. 其他：本栏目根据信用证中关于装箱单的特殊要求条款填写，制作时应在装箱单上注明。

9. 签署：当信用证没有规定装箱单签名时，可以不盖章签名，当然也可以盖章签名。

装箱单

<table>
<tr><td colspan="3" rowspan="2">抬头：
TO</td><td colspan="2">号码：
NO.</td></tr>
<tr><td colspan="2">日期：
DATE</td></tr>
<tr><td>唛头
MARKS&NO.S</td><td>货物描述
DESCRIPTION
OF GOODS</td><td>数量及包装数量
QUANTITY PACKAGES</td><td>毛重、净重
G.W. N.W.</td><td>体积
MEAS</td></tr>
<tr><td></td><td></td><td></td><td></td><td></td></tr>
</table>

任务考核

任务 3　存储口语应用考核评分表

评价主体	评价项目与内容	评价分值（分）				
		10	7	5	3	1
学生自评	1. 完成课堂及课外任务					
	2. 掌握存储专业术语的中文规范表述					
	3. 能够用普通话正确介绍国内外物流存储系统					
	4. 能够用中文完成货物装箱单的填写					
学生互评	1. 乐于助人，善于团队合作					
	2. 课堂表现积极、热爱语言学习					
	3. 普通话正音效果显著					
教师点评	1. 普通话声母、韵母、声调准确					
	2. 普通话重音、停顿、语调规范					
	3. 存储专业术语表达规范，使用正确					
总分						

任务 4 装卸口语应用

学习目标

1. 掌握物流装卸专业术语的规范表述和正确的语音语调。

2. 能够熟练运用普通话知识和技巧介绍物流装卸，并完成装卸作业、装卸管理等交际任务。

3. 感受母语的语言魅力，感知我国物流装卸的发展，树立为国家物流装卸做贡献的主人翁精神。

知识内容

一 词组训练

1. 装卸设备

挂车guàchē　叉车 chāchē　底盘 dǐpán　履带 lǚdài
推车 tuīchē　门机 ménjī　吊杆 diàogǎn　吊索 diàosuǒ
缆索 lǎnsuǒ　桥吊 qiáodiào　天车 tiānchē　桥架 qiáojià
滚轮gǔnlún　构件gòujiàn　机架 jījià　机槽 jīcáo
桅杆 wéigān　门座 ménzuò　抓斗 zhuādǒu　跨车 kuàchē
千斤顶 qiānjīndǐng　龙门式 lóngménshì　装卸桥 zhuāngxièqiáo
门座式 ménzuòshì　起重机 qǐzhòngjī　提升机 tíshēngjī
堆垛机 duīduòjī　拆垛机 chāiduòjī　翻车机 fānchējī
卷扬机 juǎnyángjī　升降台 shēngjiàngtái　链斗车 liàndǒuchē
输送机 shūsòngjī　震动式 zhèndòngshì　气力式 qìlìshì
起重机械 qǐzhòng-jīxiè　连续输送 liánxù-shūsòng
输送机械 shūsòng-jīxiè　自动扶梯 zìdòng-fútī
手动葫芦 shǒudòng-húlú　间歇动作 jiànxiē-dòngzuò
刮板链条guābǎn-liàntiáo　驱动链轮 qūdòng-liànlún
驱动平台 qūdòng-píngtái　制动系统 zhìdòng-xìtǒng

2. 装卸准则

跨度 kuàdù　幅度 fúdù　轨距guǐjù　基距 jījù
载荷 zàihè　带载 dàizài　空载 kōngzài　牵引 qiānyǐn
轮距 lúnjù　轮压 lúnyā　导电 dǎodiàn　倾角 qīngjiǎo
内衬 nèichèn　过渡guòdù　块度 kuàidù　装船 zhuāngchuán
卸船 xièchuán　取料 qǔliào　折返 zhéfǎn　给料gěiliào
生产率 shēngchǎnlǜ　通用性 tōngyòngxìng　平衡重 pínghéngzhòng
中心距 zhōngxīnjù　吞吐量 tūntǔliàng　作业量 zuòyèliàng
起重量 qǐzhòngliàng　低提升 dītíshēng　高提升gāotíshēng
高扬程gāoyángchéng　配重式 pèizhòngshì　气密性 qìmìxìng
隔热式gérèshì　加热式 jiārèshì　制冷式 zhìlěngshì
工作级别gōngzuò-jíbié　瞬时超载 shùnshí-chāozài
连续超载 liánxù-chāozài　电流过载 diànliú-guòzài
顺向进料 shùnxiàng-jìnliào　门架倾角 ménjià-qīngjiǎo
活性指数 huóxìng-zhǐshù　摩擦系数 mócā-xìshù
货物单元 huòwù-dānyuán　物料流量 wùliào-liúliàng

3. 装卸作业

装载 zhuāngzài　卸载 xièzài　装卸 zhuāngxiè　搬运 bānyùn
巷道 hàngdào　堆码 duīmǎ　拆垛 chāiduò　卸料 xièliào
喂料 wèiliào　裸装 luǒzhuāng　起吊 qǐdiào　分拣 fēnjiǎn
起升 qǐshēng　旋转 xuánzhuǎn　变幅 biànfú　行走 xíngzǒu
活络 huóluò　道岔 dàochà　堆垛 duīduò　掏箱 tāoxiāng
行走线 xíngzǒuxiàn　分离器 fēnlíqì　卸料口 xièliàokǒu
传动轴 chuándòngzhóu　伸缩臂 shēnsuōbì　清扫器 qīngsǎoqì
逆止器 nìzhǐqì　件杂货 jiànzáhuò　棕绳扣 zōngshéngkòu
钢板夹gāngbǎnjiá　可拆卸 kěchāixiè　装卸桥 zhuāngxièqiáo
外伸距 wàishēnjù　内伸距 nèishēnjù　浮码头 fúmǎtóu
倾翻卸货 qīngfān-xièhuò　重力卸货 zhònglì-xièhuò
机械装货 jīxiè-zhuānghuò　气力输送 qìlì-shūsòng
重复循环 chóngfù-xúnhuán　短时载荷 duǎnshí-zàihè
流动作业 liúdòng-zuòyè　持续载荷 chíxù-zàihè
动力系统 dònglì-xìtǒng　全轮驱动 quánlún-qūdòng

4. 装卸管理

舵柄 duòbǐng　起讫 qǐqì　纯度 chúndù　零担 língdàn
港池 gǎngchí　堆场 duīchǎng　溜车 liūchē　制动 zhìdòng

磨损 mósǔn　计量 jìliàng　闭合 bìhé　干扰gānrǎo
啮合 nièhé　功率gōnglǜ　消耗 xiāohào　导料 dǎoliào
提炼 tíliàn　系泊 xìbó　自流 zìliú　变幅 biànfú
标准化 biāozhǔnhuà　装卸性 zhuāngxièxìng　牵引性 qiānyǐnxìng
制动性 zhìdòngxìng　机动性 jīdòngxìng　操纵性 cāozòngxìng
渠道型 qúdàoxíng　直达型 zhídáxíng　中心型 zhōngxīnxíng
挖入式 wārùshì　集成化 jíchénghuà　自动化 zìdònghuà
拆装箱 chāizhuāngxiāng　冻结性 dòngjiéxìng　扬尘性 yángchénxìng
专用轨道 zhuānyòng-guǐdào　操纵方式 cāozòng-fāngshì
组型代号 zǔxíng-dàihào　电磁导引 diàncí-dǎoyǐn
光学导引guāngxué-dǎoyǐn　惯性导引guànxìng-dǎoyǐn
激光导引 jīguāng-dǎoyǐn　无效作业 wúxiào-zuòyè
箱主代码 xiāngzhǔ-dàimǎ　最大自重 zuìdà-zìzhòng

二　语句训练

朗读下列语句，注意音变、重音、停顿和语调等语音现象。

1. 变调

（1）商品（pǐn，21）的装卸贯穿于商品（pǐn，21）实体（tǐ，21）运动的全过程。无论是商品（pǐn，21）的运输、储（chǔ，21）存和保（bǎo，35）管（guǎn，21），还是商品（pǐn，21）的配送、包装和流通加工都伴随着装卸作业。

（2）一（yī，51）方面，分开作业模式能够避免装卸一（yī，51）起模式所带来的混乱，一（yī，51）端只负责进货，一（yī，51）端只负责出货，方便管理；另一（yī，51）方面，这种作业模式将进货和出货的卡车进行分流，能够避免装卸一（yī，51）起模式所带来的交通拥堵。

（3）配送中心表面上看是一（yī，35）个大型的仓库，但是概念上又不（bù，51）同于仓库，二者区别在于配送中心不（bù，35）负责货物的存储，一般货物在配送中心停留的时间不（bù，35）会超过 48 小时。

2. 重音

（1）在整个物流活动中，装卸搬运所占的比重很大。因此，装卸效率的高低、装卸质量的好坏、装卸成本的大小，都与整个物流活动关系密切。

（2）装卸合理化也是物流合理化的一个重要问题，改善装卸作业是加速车船周转、加快商品运达速度、减少资金占用、简化包装和减少货损的重要手段，对提高物流总体效益具有重要作用。

（3）装卸搬运并不直接创造价值，但装卸搬运的好坏影响着物流成本。因而，装卸搬运是物流系统的构成要素之一，是为采购、配送、运输和保管的需要而进行的作业。合理装卸搬运是提高物流效率的重要手段之一。

3. 停顿

（1）在同一地域范围内/（如车站范围、厂范围、仓库内部等）/以改变“物”的存放、支承状态的活动/称为装卸。//以改变“物”的空间位置的活动/称为搬运，/搬运/是指在比较短的距离内将物品移动。

（2）由于商品在空间上发生绝对的位移/或发生绝对的水平位移的情况是不多的，/多数情况/则是两者的复合运动，/因此，/以垂直位移为主即“装卸”，/以水平位移为主即“搬运”。

（3）装卸合理化/也是物流合理化的一个重要问题，/改善装卸作业/是加速车船周转、加快商品运达速度、减少资金占用、简化包装和减少货损的重要手段，/对提高物流总体效益具有重要作用。

4. 语调

（1）装卸搬运是随运输和保管而产生的必要物流活动，（↘）是对运输、保管、包装、流通等物流活动进行衔接的中间环节。（→）在物流活动的全过程中，（↗）装卸搬运活动是频繁发生的，（↗）因而搬运活动所占用的时间是影响物流效率的重要因素。

（2）（→）对装卸搬运的管理，（↗）主要是对装卸搬运方式的选择运用，（→）对装卸搬运机械设备的选择、合理配置与使用，（↘）以及装卸搬运合理化，（↘）做到尽可能减少装卸搬运次数，（↘）避免造成商品损失，以提高物流的效率。（→）

（3）随着工业生产规模的扩大和自动化程度的提高，（↘）物料搬运费用在工业生产成本中所占比例越来越大。（→）据有关资料统计，（↘）生产1吨的产品，（↘）往往需要252吨次的装卸搬运，（↘）其成本为加工成本的15.5%。

三 会话训练

小李正在就卸货港的相关事宜与客户进行沟通。朗读下列对话，掌握装卸的相关要素，并注意音变、重音、停顿和语调。

男：我们报的是纽约港的到岸①价，您能告诉我您的卸货港吗？

女：当然，我们把华盛顿定为卸货②港，因为离我们的客户比较近。

男：每月到华盛顿只有一次航班③，因此订舱位很困难，但是去旧金山的航班多些，能否把卸货港改为旧金山。

女：考虑到这个情况，我们愿意接受你方的建议，把卸货港改为旧金山④。

男：您这边有什么特殊要求吗？

女：我们这次运输的货物属贵重物品，易碎坏、易变形，对配送⑤、仓储等要求较高。

男：我们公司在生产物流系统设计中研究了各项装卸搬运⑥作业的必要性，千方百计地取消、合并⑦装卸搬运环节和降低装卸搬运次数。这方面您可以放心，您还有什么问题吗？

女：没有了，你们考虑得很周全⑧了。

语音注释：

①到岸 dàoàn　②卸货 xièhuò

③航班 hángbān　④旧金山 jiùjīnshān

⑤配送 pèisòng　⑥搬运 bānyùn

⑦合并 hébìng　⑧周全 zhōuquán

四 短文朗读

朗读下列短文，掌握装卸的相关要素，注意音变、重音、停顿和语调。

提高装卸活性

装卸活性①是指货物的存放状态对装卸搬运作用的方便（或难易）程度，称为货物的“活性”。活性可用“活性指数”②进行定量的衡量。例如，厂的物料处于散放状态③的活性指数为 0（移动时需逐个用人力搬到运输工具中）；处于集装状态④，活性指数为 1（可一次性搬运）；处于支垫状态⑤，如置于托盘中，其活性指数为 2（可方便地使用机械搬运）；处于装载状态⑥，如置于推车内，其活性指数为 3（不需要借助其他机械便可搬运）；处于传送设备上移动的物料，其活性指数为 4（货物已处于移动状态）。

在货场装卸搬运过程中，下一步工序比上一步工序的活性指数高，因而，下一步工序比上一步工序更便于作业时，便称为“活化”⑦。装卸搬运的工序一步步应设计得使货物的活性指数逐步提高，因此被称为“步步活化”⑧。通过合理设计工序、工步，以做到步步活化作业的同时，还要采取相应的措施和方法尽量节省劳力，降低能耗。这些方法和措施的实例有：作业场地要尽量硬化；运动服务尽量光洁精确；在满足作业要求的前提下，货物净重与其单元毛重之比尽量接近于 1；能进行水平装卸⑨、滚动装卸⑩的，尽量采用水平装卸和滚动装卸。

移动货物时的机动性大小反映出物流的合理化程度。物品放置时要有利于下次搬运，例如，装于容器内并垫放的物品较散放于地面的物品更易于搬运；在装上时还要考虑便于卸下；在入库时要考虑便于出库；还要创造易于搬运的环境和使用易于搬运的包装。

语音注释：

①活性 huóxìng　②活性指数 huóxìng-zhǐshù
③散放状态 sǎnfàng-zhuàngtài　④集装状态 jízhuāng-zhuàngtài
⑤支垫状态 zhīdiàn-zhuàngtài　⑥装载状态 zhuāngzài-zhuàngtài
⑦活化 huóhuà　⑧步步活化 bùbù-huóhuà
⑨水平装卸 shuǐpíng-zhuāngxiè　⑩滚动装卸 gǔndòng-zhuāngxiè

巩固练习

朗读下列词语，注意声母、韵母、声调、变调以及词语轻重格式。

运输 yùnshū	跨度 kuàdù	装卸 zhuāngxiè	搬运 bānyùn
包装 bāozhuāng	流通 liútōng	加工 jiāgōng	配送 pèisòng
托盘 tuōpán	容器 róngqì	集装 jízhuāng	配装 pèizhuāng
堆放 duīfàng	核对 héduì	标记 biāojì	分拣 fēnjiǎn
固定 gùdìng	装满 zhuāngmǎn	卸空 xièkōng	英尺 yīngchǐ
叉车 chāchē	升降 shēngjiàng	挂靠 guàkào	停靠 tíngkào
碰损 pèngsǔn	货物 huòwù	抄送 chāosòng	横撑 héngchēng
出库 chūkù	拆包 chāibāo	中转 zhōngzhuǎn	输送 shūsòng
托盘 tuōpán	理货 lǐhuò	拣选 jiǎnxuǎn	集货 jíhuò
组配 zǔpèi	冷链 lěngliàn	检验 jiǎnyàn	货架 huòjià

装卸区 zhuāngxièqū	内燃机 nèiránjī	限位器 xiànwèiqì
集装箱 jízhuāngxiāng	辅助物 fǔzhùwù	传送带 chuánsòngdài
运输机 yùnshūjī	集装化 jízhuānghuà	货运站 huòyùnzhàn
换算箱 huànsuànxiāng	收货区 shōuhuòqū	发货区 fāhuòqū
冷藏区 lěngcángqū	冷冻区 lěngdòngqū	虚拟仓 xūnǐcāng
立体仓 lìtǐcāng	前置期 qiánzhìqī	自动化 zìdònghuà
垫底货 diàndǐhuò	舱底货 cāngdǐhuò	散装货 sǎnzhuānghuò
起重机 qǐzhòngjī	履带式 lǚdàishì	亏舱费 kuīcāngfèi
重量货 zhòngliànghuò	载货量 zàihuòliàng	甲板货 jiǎbǎnhuò
卸货港 xièhuògǎng	干船坞gànchuánwù	保税货 bǎoshuìhuò

控制系统 kòngzhì-xìtǒng	起重机械 qǐzhòng-jīxiè
计费重量 jìfèi-zhòngliàng	分类操作 fēnlèi-cāozuò
质量保障 zhìliàng-bǎozhàng	质量控制 zhìliàng-kòngzhì
单元装卸 dānyuán-zhuāngxiè	自动引导 zìdòng-yǐndǎo
销售包装 xiāoshòu-bāozhuāng	运输包装 yùnshū-bāozhuāng
托盘包装 tuōpán-bāozhuāng	直接换装 zhíjiē-huànzhuāng

自动识别 zìdòng-shíbié
仓库管理 cāngkù-guǎnlǐ
库存周期 kùcún-zhōuqī
经常库存 jīngcháng-kùcún
托盘运输 tuōpán-yùnshū
港口惯例gǎngkǒu-guànlì
净载重吨 jìngzài-zhòngdūn
配送需求 pèisòng-xūqiú
场站收据 chǎngzhàn-shōujù
流通加工 liútōng-jiāgōng
库存控制 kùcún-kòngzhì
安全库存ānquán-kùcún
物品储备 wùpǐn-chǔbèi
集装运输 jízhuāng-yùnshū
惯常协助guàncháng-xiézhù
直接转船 zhíjiē-zhuǎnchuán
配送资源 pèisòng-zīyuán
吃水限制 chīshuǐ-xiànzhì

拓展训练

装卸搬运是现代物流的基本功能之一，是整个物流环节不可或缺的一环。无论是商品的运输、储存和保管，还是商品的配送、包装和流通加工，都离不开装卸搬运。

1. 请朗读以下短文，注意声母、韵母、声调、变调、音变、重音、停顿和语调等语言现象。

2. 根据短文提示，分小组讨论并分析联华便利物流中心的装卸搬运系统的合理之处。

联华便利物流中心的装卸搬运系统

联华公司创建于 1991 年 5 月，是上海首家发展连锁经营的商业公司。经过十多年的发展，联华公司已成为中国较大的连锁商业企业。2001 年销售额突破 140 亿元，连续 3 年位居全国零售业第一。联华公司的快速发展，离不开高效便捷的物流配送中心的大力支持。

联华现有 4 个配送中心，分别是 2 个常温配送中心、1 个便利物流中心、1 个生鲜加工配送中心，总面积 7 万余平方米。

联华便利物流中心总面积 8000 平方米，由 4 层楼的复式结构组成。为了实现货物的装卸搬运，配置的主要装卸搬运机械设备包括电动叉车 8 辆、手动托盘搬运车 20 辆、垂直升降机 2 台、笼车 1000 辆、辊道输送机 5 条、数字拣选设备 2400 套。

在装卸搬运时，对来货卸下后，把其装在托盘上，由手动叉车将货物搬运至入库运载处，入库运载装置上升，将货物送上入库输送带。当接到向第一层搬送指示的托盘在经过升降机平台时，不再需要上下搬运，将直接从当前位置经过第一层的入库输送带自动分配到第一层入库区等待入库；当接到向第二至第四层搬送指示的托盘时，将由托盘垂直升降机自动传输到所需楼层。当升降机到达指定楼层时，由各层的入库输送带自动搬送货物至入库区。货物下平台时，由叉车从输送带上取下托盘入库。出库时，根据订单进行拣选配货，拣选后的出库货物用笼车装载，由各层平台通过笼车垂直输送机送至第一层的出货区，装入相应的运输车上。

任务考核

任务 4　装卸口语应用考核评分表

评价主体	评价项目与内容	评价分值（分）				
		10	7	5	3	1
学生自评	1. 学习主动性强，课堂表现活跃					
	2. 掌握装卸专业术语的中文规范表述					
	3. 能够用普通话正确介绍物流装卸					
	4. 能够掌握音变、重音、停顿和语调等语音现象					
学生互评	1. 乐于助人，善于团队合作					
	2. 课堂表现积极、乐于语言学习					
	3. 普通话正音效果显著					
教师点评	1. 普通话声母、韵母、声调准确					
	2. 普通话重音、停顿、语调规范					
	3. 装卸专业术语表达规范，使用正确					
总分						

任务 5 搬运口语应用

学习目标

1. 掌握与物流专业术语“搬运”有关的词语、语句的普通话标准语音。
2. 能有条理、语气语调适当地表达物流作业流程中与“搬运”相关的内容。
3. 感受汉语语音的魅力，增强对母语的热爱之情。

知识内容

一 词组训练

1. 搬运方法

搬运 bānyùn　搬动 bāndòng　搬用 bānyòng　搬配 bānpèi
硬搬 yìngbān　搬移 bānyí　推移 tuīyí　提举 tíjǔ
抬起 táiqǐ　举起 jǔqǐ　搬起 bānqǐ　背驮 bèituó
放低 fàngdī　推拉 tuīlā　肩扛 jiānkáng　手提 shǒutí
肩挑 jiāntiāo　运送 yùnsòng　移动 yídòng　轻拿 qīngná
抱持法 bàochífǎ　搬运椅 bānyùnyǐ　徒手搬 túshǒubān
担架运 dānjiàyùn　扶行法 fúxíngfǎ　拖行法 tuōxíngfǎ
椅托式 yǐtuōshì　轿杠式 jiàogàngshì　拉车式 lāchēshì
挪动法 nuódòngfǎ　单人搬 dānrénbān　双人搬 shuāngrénbān
器械搬 qìxièbān　背负法 bēifùfǎ　多人搬 duōrénbān
倾翻卸货 qīngfān-xièhuò　人工搬运 réngōng-bānyùn
重力卸货 zhònglì-xièhuò　机械装货 jīxiè-zhuānghuò
零装整卸 língzhuāng-zhěngxiè　整装零卸 zhěngzhuāng-língxiè
垂直装卸 chuízhí-zhuāngxiè　水平装卸 shuǐpíng-zhuāngxiè
连续装卸 liánxù-zhuāngxiè　间歇装卸 jiànxiē-zhuāngxiè

2. 搬运货物

溶剂 róngjì　火药 huǒyào　汽油 qìyóu　陶瓷 táocí

玻璃 bōli	气体 qìtǐ	液体 yètǐ	固体 gùtǐ
金属 jīnshǔ	钢铁 gāngtiě	牛奶 niúnǎi	糖类 tánglèi
油脂 yóuzhī	钠盐 nàyán	钾盐 jiǎyán	钙盐 gàiyán
胶体 jiāotǐ	合金 héjīn	矿石 kuàngshí	硫酸 liúsuān

易燃物 yìránwù	易爆物 yìbàowù	纺织品 fǎngzhīpǐn
丝织品 sīzhīpǐn	固体物 gùtǐwù	散装物 sǎnzhuāngwù
有毒物 yǒudúwù	有机物 yǒujīwù	无机物 wújīwù
氧化物 yǎnghuàwù	纯净物 chúnjìngwù	葡萄糖 pútáotáng
非金属 fēijīnshǔ	混合物 hùnhéwù	硫酸盐 liúsuānyán

可燃液体 kěrán-yètǐ	可燃固体 kěrán-gùtǐ
可燃气体 kěrán-qìtǐ	化学药品 huàxué-yàopǐn
化学物品 huàxué-wùpǐn	易腐蚀物 yì-fǔshíwù
易破损物 yì-pòsǔnwù	包装货物 bāozhuāng-huòwù
大件货物 dàjiàn-huòwù	小件杂货 xiǎojiàn-záhuò

3. 搬运工具

叉车 chāchē	铲车 chǎnchē	货架 huòjià	托盘 tuōpán
吊车 diàochē	拖车 tuōchē	板车 bǎnchē	栈板 zhànbǎn
推车 tuīchē	平车 píngchē	滑轮 huálún	货车 huòchē
吊机 diàojī	轨道 guǐdào	撬杆 qiàogān	吸盘 xīpán
倒桶 dǎotǒng	夹具 jiājù	桶夹 tǒngjiā	石夹 shíjiā

跨运车 kuàyùnchē	搬运车 bānyùnchē	升降机 shēngjiàngjī
手推车 shǒutuīchē	拖挂车 tuōguàchē	升降台 shēngjiàngtái
起重机 qǐzhòngjī	运输机 yùnshūjī	输送机 shūsòngjī
堆高车 duīgāochē	堆垛机 duīduǒjī	集装箱 jízhuāngxiāng
小坦克 xiǎotǎnkè	机器人 jīqìrén	牵引器 qiānyǐnqì

输送管道 shūsòng-guǎndào	铲式担架 chǎnshì-dānjià
板式担架 bǎnshì-dānjià	四轮担架 sìlún-dānjià
帆布担架 fānbù-dānjià	人工升降 réngōng-shēngjiàng
抗疲劳垫 kàngpíláo-diàn	搬运坦克 bānyùn-tǎnkè
无轨平车 wúguǐ-píngchē	拉管小车 lāguǎn-xiǎochē

4. 搬运原则

轻放 qīngfàng	直行 zhíxíng	水平 shuǐpíng	连续 liánxù
事故 shìgù	优化 yōuhuà	动力 dònglì	人力 rénlì
活载 huózài	分类 fēnlèi	集货 jíhuò	集中 jízhōng
质量 zhìliàng	效率 xiàolǜ	安全ānquán	经济 jīngjì

减少 jiǎnshǎo　避免 bìmiǎn　分散 fēnsàn　零星 língxīng
连续性 liánxùxìng　合理化 hélǐhuà　机械化 jīxièhuà
不拐弯 bùguǎiwān　不上坡 búshàngpō　不间断 bùjiānduàn
有用功 yǒuyònggōng　无用功 wúyònggōng　程序化 chéngxùhuà
省力化 shěnglìhuà　集装化 jízhuānghuà　活性化 huóxìnghuà
短距化 duǎnjùhuà　顺利化 shùnlìhuà　单元化 dānyuánhuà
单件作业 dānjiàn-zuòyè　散装作业 sǎnzhuāng-zuòyè
集装作业 jízhuāng-zuòyè　有效作业 yǒuxiào-zuòyè
省力原则 shěnglì-yuánzé　简化流程 jiǎnhuà-liúchéng
安全作业ānquán-zuòyè　集中作业 jízhōng-zuòyè
合理组织 hélǐ-zǔzhī　多式联运 duōshì-liányùn

二　语句训练

1. 变调

（1）在货物搬运、装卸和堆存时，应尽（jǐn，35）可能利用货物的自重，以节省（shěng，21）能量和投资。

（2）装卸搬运作业是各作业线环节的有（yǒu，21）机组成，只（zhǐ，35）有各环节相互协调，才能使（shǐ，21）整（zhěng，21）条作业线产（chǎn，21）生预期的效果。应使（shǐ，21）装卸搬运各环节的生产（chǎn，21）率协调一（yí，35）致，能力相互适应。

（3）在货物的流通过程中，应力求改（gǎi，21）善包装、装卸、运输和保（bǎo，35）管等各物流要素的效率。由于各物流要素间存在着效益背反的关系，如果分别独自进行，那么，物流系统总（zǒng，35）体效率就不一（yí，35）定能够提高，因此，要从物流全局的观点来研究问题。

2. 重音

（1）移动货物时的机动性大小反映出物流的合理化程度。物品放置时要有利于下次搬运，例如，装于容器内并垫放的物品较散放于地面的物品更易于搬运；在装上时还要考虑便于卸下；在入库时要考虑便于出库；还要创造易于搬运的环境和使用易于搬运的包装。

（2）做好装卸搬运工作对物流管理的重要意义在于：有利于加速车船周转，提高港、站、库的利用率；加快货物送达，减少流动资金占用，减少货物破损和各种事故的发生。

（3）装卸搬运中的无效作业是指在装卸搬运作业活动中超出必要的搬运、装卸量的多余的低效的作业。

3. 停顿

（1）装卸搬运设备/是装卸搬运作业现代化的重要标志之一。///对设备的类型、/主要参数/以及各种类型机械特征的了解，//是使用和选择装卸搬运设备/必须具备的条件。///常用的装卸搬运设备/主要有装卸搬运机械和容器。

（2）将零散放置的物体/归整为统一格式的集装单元/称为集装单元化。///为了提高搬运、/装卸和堆存效率，//提高机械化、自动化程度和管理水平，//应根据设备能力，/尽可能扩大货物的物流单元，/例如采用托盘、货箱等。///这对搬运作业的改善/是至关重要的原则。

（3）搬运作业/在配送中心作业中/占有 60%～70%的作业量，它涉及/货物的装卸、搬运、堆垛、/取货、理货、分类等与之相关的作业过程，//是物流系统构成的要素之一。///搬运作业在具体操作中/并不直接创造价值，//但它却是在物品由生产到消费的流动过程中/不可缺少的。

4. 语调

（1）所谓无效作业是指在装卸作业活动中超出必要的装卸、搬运量的作业（↘）。显然（↗），防止和消除无效作业对装卸作业的经济效益有重要作用（↘）。

（2）物料搬运设备是机械化生产的主要组成部分（↘），它的技术水平是搬运作业现代化的重要标志之一（→）。对设备的类型（→）、主要参数以及各类型机械特征的了解是使用和选择装卸搬运设备必须具备的知识（→）。

（3）搬运的运与运输的运区别之处在于（→），搬运是在同一地域的小范围内发生的（→），而运输是在较大范围内发生的（→）。两者是量变到质变的关系（↘），中间并无一个绝对的界限（↘）。

三 会话训练

小组两两搭档，分别扮演甲和乙进行下列对话，注意音变、重音、停顿和语调。

甲乙两位物流管理专业同学在聊天，一位同学认为学物流，毕业后就是当搬运工，没什么好学的；另一位同学认为物流服务与人们的生活和工作密不可分，与企业的发展和壮大息息相关，而且随着物流行业的兴起，物流行业的竞争出现白热化，人们越来越关注物流服务的质量和对物流服务的体验感，物流团队拥有好的服务和沟通技巧已经成为获胜的至关重要的软技能，所以物流管理专业的大学生，在学好专业知识的同时还要学好普通话及良好的沟通表达技巧。

甲：听学长说，毕业后出去都是干的搬运工作，待遇还不行，不包吃住，学物流有（yǒu 21）什么用？

乙：我认为学物流很（hěn 35）有用，毕竟是朝（zhāo）阳行（háng）业，发展空间相当大，只不（bú 35）过刚毕业出去必须从最基层做起，要吃得（de 轻声）苦耐得（de 轻声）劳才能一（yí 35）步步干上去。

甲：你说得（de 轻声）也（yě 21）没错，那我们要怎样才能晋升得（de 轻声）更快呢?

乙：我觉得（de 轻声）起码一（yì 51）条必须学好专业知识，有扎实的专业功底做基础。

甲：没错，另外我觉得物流是服务行业，良好的沟通和表达能力可（kě 21）能也（yé 35）很重要。

乙：对，你说得（de 轻声）非常正确。随着物流行业的兴起，物流行业的竞争出现白热化，人们越来越关注物流服务的质量和对物流服务的体验感，物流团队拥有好的服务和沟通技巧已经成为获胜的至关重要的软技能。

四 短文朗读

朗读下面的文章，了解有效搬运的要求，并注意音变、重音、停顿和语调。

有效搬运的要求

搬运必须注重效率，应尽（jǐn 21）量减少（shǎo 21）无效移动（包括距离、重量、时间、次数），因此，在搬运时应做好以下工作：

（1）搬运结果（guǒ 21）要到位，最好（hǎo 21）是一（yí 35）次到位，做好、做彻底，不（bú 35）要有（yǒu 21）再次搬运。

（2）摆放方式要合理（lǐ 21），比如物品（pǐn 21）的摆放位置、方向等（děng 21），不（bú 35）要返工。

（3）放置环境要合适，比（bǐ 21）如放置区域、周围的环境等（děng 21），要尽（jǐn 21）可能减少暂时存放的现象。

（4）杜绝或减少搬运损失，包括丢失、打破、变形、泄漏、挥发、挤压等因素导致的各种损耗。

（5）节减（jiǎn 21）搬运成本（běn 21），选择使（shǐ 21）用合理的搬运方式，可（kě 35）以选（xuǎn 21）择机械化、自动化、人工等多种搬运方式，但前提是用最低的综合投入实现最大的搬运量。

（6）消除危险因素，在搬运过程中安全使用搬运器具，不（bú 35）要顾此失彼，不（bú 35）要制造危及人身安全的隐（yǐn 21）患。

巩固练习

搬运 bānyùn　搬动 bāndòng　搬起 bānqǐ　搬来 bānlái
硬搬 yìngbān　搬移 bānyí　搬下 bānxià　搬走 bānzǒu
拼装 pīnzhuāng　紧握 jǐnwò　油桶 yóutǒng　篷车 péngchē
推移 tuīyí　跃移 yuèyí　悬移 xuányí　载移 zàiyí
污损 wūsǔn　破坏 pòhuài　丢失 diūshī　消耗 xiāohào
混杂 hùnzá　撒漏 sǎlòu　破损 pòsǔn　混装 hùnzhuāng
气垫 qìdiàn　货梯 huòtī　滑梯 huátī　滚杠 gǔngàng
包装 bāozhuāng　保管 bǎoguǎn　报关 bàoguān　撬棒 qiàobàng
物料 wùliào　皮料 píliào　丝绸 sīchóu　服饰 fúshì
物品 wùpǐn　原料 yuánliào　信息 xìnxī　设备 shèbèi

报关行 bàoguānháng　搬运工 bānyùngōng　机械手 jīxièshǒu
挖掘机 wājuéjī　翻斗车 fāndǒuchē　吸吊机 xīdiàojī
扛包机 kángbāojī　提升机 tíshēngjī　千斤顶 qiānjīndǐng
承重板 chéngzhòngbǎn　移动器 yídòngqì　装车机 zhuāngchējī
输送泵 shūsòngbèng　稳定性 wěndìngxìng　卷扬机 juǎnyángjī
单元化 dānyuánhuà　机械化 jīxièhuà　自动化 zìdònghuà
合理化 hélǐhuà　硬木板 yìngmùbǎn　拖板车 tuōbǎnchē
升降车 shēngjiàngchē　程序化 chéngxùhuà　托盘式 tuōpánshì
重力化 zhònglìhuà　标准化 biāozhǔnhuà　油桶夹 yóutǒngjiā
塑料盒 sùliàohé　敞篷车 chǎngpéngchē　物料箱 wùliàoxiāng

班轮运输 bānlún-yùnshū　保税仓库 bǎoshuì-cāngkù
机械手臂 jīxiè-shǒubì　电动叉车 diàndòng-chāchē
机械抓手 jīxiè-zhuāshǒu　升降平台 shēngjiàng-píngtái
固体物料 gùtǐ-wùliào　安全文明ānquán-wénmíng
野蛮装卸 yěmán-zhuāngxiè　轻装轻卸 qīngzhuāng-qīngxiè
堆码整齐 duīmǎ-zhěngqí　操作规程 cāozuò-guīchéng
安全技术ānquán-jìshù　规划原则 guīhuà-yuánzé
顺畅原则 shùnchàng-yuánzé　精简原则 jīngjiǎn-yuánzé
液压叉车 yèyā-chāchē　肩扛手提 jiānkáng-shǒutí
简化流程 jiǎnhuà-liúchéng　轻提轻放 qīngtí-qīngfàng
机械搬运 jīxiè-bānyùn　搬运方案 bānyùn-fāngàn
搬运团队 bānyùn-tuánduì　成品储存 chéngpǐn-chǔcún
反向物流 fǎnxiàng-wùliú　环境原则 huánjìng-yuánzé
成本原则 chéngběn-yuánzé　散放物料 sǎnfàng-wùliào

搬运设备 bānyùn-shèbèi　　　　　　　　货物单元 huòwù-dānyuán

拓展训练

小组上台表演下面的情景剧，小组成员根据自己的特点选择扮演不同的角色。表演时注意吐字清晰，发音准确，注意音变、重音、停顿和语调。

剧情：该小品通过装卸工事件，体现物流西站员工的吃苦耐劳精神，以及物资贸易部的互帮互助，用情景对白反映“物流一家亲”。

人物介绍：

孙强：男，30岁，物资贸易部业务经理，参加工作十年，一直勤勤恳恳、任劳任怨、讲话实在，有一股憨厚朴实劲。

王妮：女，22岁，物资贸易部售后专员，跟业务经理孙强一块儿来取货，能吃苦受累。

丁莉：女，26岁，物流西站调度员，工作认真负责。

刘帅：男，22岁，物流西站临时装卸工，刚参加工作一年，大学毕业生，年轻帅气，能吃苦耐劳。

张凯：男，21岁，物流西站临时装卸工，因为最近货物运输多，主动请缨承担搬运任务。

场景布置：

背景墙选择能体现物流西站特色的设置，前面是一张桌子，上面有电话和文稿（以观众视角确定左右），舞台右侧是二十多个小箱子充当货物，或者以空气作为货物。

（调度员丁莉接起电话，是上级领导打来的电话）

丁莉礼貌地说：喂，领导您好，我是调度员丁莉，有什么事您尽管吩咐。

电话那头：吩咐谈不上，我就是打电话摸摸底，刚刚接到公司通知，这几天工作量可能要加大，你们那边没啥问题吧？

丁莉保证道：领导，您放心吧，办法总比困难多，肯定没问题！

电话那头：这样最好，我听说新来的装卸工嫩得很，没什么经验，你多教教。

丁莉说：年轻人虽经验不丰富，但能吃苦。您放心，我会好好教他们的，保证不影响工作。

电话那头：好好好，那你多操点心，我就不多说什么了。

丁莉：领导，您就把心放在肚子里吧！

刘帅跑过来问丁莉：丁姐，听说今天的搬运任务很重，你安排我吧！

张凯跟在后面也说：加我一个！

（丁莉开心地安排刘帅和张凯搬货，自己也帮忙搬。这时孙强和王妮过来领货，看到丁莉、刘帅和张凯汗流浃背在搬货，立即投入搬运队伍中）

孙强脱掉外套跑到货物前说：丁莉、刘帅、张凯，我来帮你们。

王妮说：我也来帮你们。

孙强看到丁莉和王妮汗流满面，劝她们说：丁莉、王妮，你们女孩子力气小，先休息一会儿吧，这样的粗活我们爷们儿来干！

王妮气喘吁吁地说：还有一点，先搬完吧。

丁莉满怀感激说：谢谢你们，王妮、孙哥。刘帅、张凯，你们辛苦了。

孙强说：不要客气，我们物流一家亲啊。今后有装卸搬运任务，我们物资贸易部员工来帮忙。

丁莉说：太感谢了！真是“物流一家亲”！

孙强、丁莉、王妮、张凯、刘帅齐声说：物流公司员工辛苦自己，方便别人！

任务考核

任务 5　搬运口语应用考核评分表

评价主题	评价项目与内容	评价分值				
		10	7	5	3	1
学生自评	1. 积极动口、动脑，勤于参与课堂练习					
	2. 积极思考，敢于提出问题					
	3. 认真礼貌地评价他人并积极发表自己的观点					
	4. 谦恭有礼、团结友爱、常怀感恩之心					
学生互评	1. 主动与同学合作，互相帮助					
	2. 出色完成小组分配的任务					
	3. 认真听取同学的观点和意见					
教师评价	1. 与搬运相关词语发音标准					
	2. 能正确处理音变、重音、停顿和语调等语音现象					
	3. 朗读文章语音标准、语言流畅，对话语音语调恰当					
总分						

任务 6 包装口语应用

学习目标

1. 掌握与物流专业术语“包装”有关的词语、语句的普通话标准语音。
2. 能有条理、语气语调适当地表达物流作业流程中与“包装”相关的内容。
3. 感受汉语语音的魅力，增强对母语的热爱之情。

知识内容

一 词组训练

1. 包装方法

裹包 guǒbāo　打包 dǎbāo　罩上 zhàoshàng　遮盖 zhēgài
套上 tàoshàng　捆扎 kǔnzā　缠绕 chánrào　捆绑 kǔnbǎng
蒙上 méngshàng　包覆 bāofù　纸糊 zhǐhú　封套 fēngtào
胶黏 jiāonián　覆盖 fùgài　防锈 fángxiù　防震 fángzhèn
防潮 fángcháo　冷冻 lěngdòng　防冻 fángdòng　防晒 fángshài
热包装 rèbāozhuāng　冷包装 lěngbāozhuāng　食品级 shípǐnjí
辅助物 fǔzhùwù　集装化 jízhuānghuà　通用化 tōngyònghuà
手持式 shǒuchíshì　标准化 biāozhǔnhuà　热收缩 rèshōusuō
合理化 hélǐhuà　信封式 xìnfēngshì　完整性 wánzhěngxìng
医用级 yīyòngjí　实用化 shíyònghuà　干燥剂 gānzàojì
无菌包装 wújūn-bāozhuāng　防潮包装 fángcháo-bāozhuāng
防冻包装 fángdòng-bāozhuāng　防震包装 fángzhèn-bāozhuāng
防晒包装 fángshài-bāozhuāng　防水包装 fángshuǐ-bāozhuāng
防锈包装 fángxiù-bāozhuāng　防霉包装 fángméi-bāozhuāng
防尘包装 fángchén-bāozhuāng　合理排列 hélǐ—páiliè

2. 包装用具

胶带 jiāodài　绳子 shéngzi　纸箱 zhǐxiāng　盒子 hézi
木质 mùzhì　玻璃 bōli　陶瓷 táocí　瓶子 píngzi
竹本 zhúběn　容器 róngqì　纸盒 zhǐhé　涂料 túliào
木箱 mùxiāng　托盘 tuōpán　剪刀 jiǎndāo　金属 jīnshǔ
彩纸 cǎizhǐ　胶水 jiāoshuǐ　彩盒 cǎihé　塑料 sùliào
黏合剂 niánhéjì　捆扎带 kǔnzādài　外包物 wàibāowù
气泡膜 qìpàomó　集装箱 jízhuāngxiāng　零件盒 língjiànhé
周转箱 zhōuzhuǎnxiāng　双面胶 shuāngmiànjiāo　包装纸 bāozhuāngzhǐ
包装盒 bāozhuānghé　包装箱 bāozhuāngxiāng　透明胶 tòumíngjiāo
纤维袋 xiānwéidài　纤维带 xiānwéidài　包装机 bāozhuāngjī
印刷材料 yìnshuā-cáiliào　天然纤维 tiānrán-xiānwéi
化学纤维 huàxué-xiānwéi　复合材料 fùhé-cáiliào
瓦楞纸箱 wǎléng-zhǐxiāng　防水材料 fángshuǐ-cáiliào
塑料薄膜 sùliào-báomó　泡沫塑料 pàomò-sùliào
缓冲包装 huǎnchōng-bāozhuāng　防震辅料 fángzhèn-fǔliào

3. 包装效果

包装 bāozhuāng　装潢 zhuānghuáng　装饰 zhuāngshì　设计 shèjì
工艺 gōngyì　装点 zhuāngdiǎn　精美 jīngměi　精致 jīngzhì
高雅 gāoyǎ　典雅 diǎnyǎ　美观 měiguān　漂亮 piàoliang
过度 guòdù　朴实 pǔshí　大方 dàfāng　新颖 xīnyǐng
新鲜 xīnxiān　别致 biézhì　大气 dàqì　考究 kǎojiu
外包装 wàibāozhuāng　内包装 nèibāozhuāng　折叠式 zhédiéshì
固定式 gùdìngshì　内柱式 nèizhùshì　外柱式 wàizhùshì
骨架式 gǔjiàshì　薄壳式 báokéshì　半成品 bànchéngpǐn
人性化 rénxìnghuà　大气感 dàqìgǎn　时代感 shídàigǎn
科技感 kējìgǎn　未来感 wèiláigǎn　上档次 shàngdàngcì
金玉其外 jīnyù-qíwài　败絮其中 bàixù-qízhōng
小巧玲珑 xiǎoqiǎo-línglóng　玲珑剔透 línglóng-tītòu
华而不实 huā'ér-bùshí　五颜六色 wǔyán-liùsè
朴实无华 pǔshí-wúhuá　花里胡哨 huāli-húshào
浑然一体 húnrán-yītǐ　严严实实 yányán-shishi

4. 包装原则

保护 bǎohù　防止 fángzhǐ　防腐 fángfǔ　防丢 fángdiū
防虫 fángchóng　防鼠 fángshǔ　便利 biànlì　裹紧 guǒjǐn

集装 jízhuāng　收缩 shōusuō　脱氧 tuōyǎng　包封 bāofēng
清洗 qīngxǐ　干燥 gānzào　陈列 chénliè　储运 chǔyùn
配销 pèixiāo　储存 chǔcún　贩卖 fànmài　统筹 tǒngchóu
防散失 fángsànshī　防破损 fángpòsǔn　保护性 bǎohùxìng
便利性 biànlìxìng　集中性 jízhōngxìng　缠膜机 chánmójī
套膜机 tàomójī　自动化 zìdònghuà　半自动 bànzìdòng
原材料 yuáncáiliào　趣味性 qùwèixìng　吸引力 xīyǐnlì
竞争力 jìngzhēnglì　保鲜剂 bǎoxiānjì　防锈蚀 fángxiùshí
保护产品 bǎohù-chǎnpǐn　推销商品 tuīxiāo-shāngpǐn
方便运输 fāngbiàn-yùnshū　防止损坏 fángzhǐ-sǔnhuài
产品信息 chǎnpǐn-xìnxī　防止污染 fángzhǐ-wūrǎn
促进销售 cùjìn-xiāoshòu　全面防震 quánmiàn-fángzhèn
部分防震 bùfen-fángzhèn　防震保护 fángzhèn-bǎohù

二　语句训练

朗读下列语句，注意音变、重音、停顿和语调等语音现象。

1. 变调

（1）包装是在物流过程中保（bǎo，21）护产（chǎn，35）品，方便储（chǔ，21）运，促进销售，按一（yí，35）定技术方法（fǎ，21）采（cǎi，21）用容器、材料及辅（fǔ，21）助物等（děng，21）将物品（pǐn，21）包封并予（yǔ，35）以适当的装载和标志的工作总（zǒng，21）称。简（jiǎn，21）言之，包装是包装物及包装操作的总（zǒng，21）称。

（2）在现代物流观念形成以（yǐ，21）前，包装被天经地义地看成生产（chǎn，21）的终点。因而一（yì，51）直是生产（chǎn，21）领（lǐng，21）域的活动，包装的设计往（wǎng，35）往主要从生产（chǎn，21）终结的要求出发，因而常常不能满（mǎn，21）足流通的要求。

（3）关于礼（lǐ，21）盒的定义，即使百（bǎi，21）度搜索（suǒ，21），也（yě，21）还没有（yǒu，21）一（yí，35）个确切的定义，而且（qiě，21）每（měi，21）个人的定义也（yě，21）是不一（yí，35）样的，常见的有（yǒu，21）裱（biǎo，21）糊礼（lǐ，21）盒、实木烤（kǎo，21）漆礼（lǐ，21）盒、胶胚类礼（lǐ，21）盒等。

2. 重音

（1）在社会再生产过程中，包装**处于生产过程**的末尾和**物流过程**的开头，既是**生**

产的终点，又是物流的始点。

（2）商业包装是以促进销售为主要目的的包装，这种包装的特点是外形美观，有必要的装潢，包装单位适于顾客的购买量以及商店陈设的要求。在流动过程中，商品越接近顾客，越要求包装有促进销售的效果。

（3）运输包装是指强化输送、保护产品为目的的包装。运输包装的重要特点是在满足物流要求的基础上使包装费用越低越好。为此，必须在包装费用和物流时的损失两者之间寻找最优的效果。

3. 停顿

（1）包装有三大特性，//分别是：///保护性、/单位集中性/及便利性。

（2）液体类物品需要邮寄的话，//一定要找外包装结实的箱子，//然后/把液体物品/用发泡包装袋，//或泡沫包装袋裹紧装实，//最好不要让邮寄物品/在包装箱内有晃动/或有大缝隙。

（3）包装材料/是指用于制造包装容器、/包装装潢、/包装印刷、/包装运输等/满足产品包装要求/所使用的材料，//它既包括金属、塑料/、玻璃、陶瓷、/纸、/竹本、/天然纤维、化学纤维、/复合材料等/主要包装材料，//又包括/涂料、黏合剂、/捆扎带、/装潢、/印刷材料等/辅助材料。

4. 语调

（1）防潮包装是采用具有一定隔绝水蒸气能力的材料对物品进行包封（→），隔绝外界湿度对产品的影响（↘）。

（2）随着我国包装工业的快速发展（→），包装生产在促进国民经济建设 、改善人民群众物质文化生活中的地位作用日益显现（↘），包装产业作为一个独立的行业体系（→），其发展已被列入国民经济和社会发展规划（↘）。

（3）编织袋包装的优点是操作比较简单（→），最重要的是成本比较低（→），其最主要的缺点是比较容易产生摩擦（→）。

三 会话训练

小组成员分别扮演下列角色进行对话，注意音变、重音、停顿和语调。

情景：快递外包装损坏，货物破损，客户投诉，客服应对处理。

客户：甲

商家：乙

客服 1：丙

客服 2：丁

甲：你好！在你家买的椅（yǐ 21）子（zi）收到了，但外包装损（sǔn 21）坏，椅子破损了，请看照片儿（zhàopiānr）。

乙：您好！请问包裹签收了吗？

甲：没有，但已自动显示签收。

乙：请您稍等，我马（mǎ 21）上联系快递公司。

甲：好的。

乙：喂，你好！请问是××快递客服吧？我于 10 日上午（wǔ 21）发出的快递于 13 日下午 12 点 52 分送货到客户那边，可是外包装破损，货物也（yě 21）损坏，有（yǒu 21）实拍照片儿。

丙：您好！请报快递单号。

乙：268222453792。

丙：请稍等，我查一（yí 35）下。

乙：好的。

丙：您好！让您久（jiǔ 35）等了，您这单已（yǐ 21）经显示正常签收。

乙：对，这正是我要问的，我的客户没有签收，你们就直接做正常签收了，这是为什么？

丙：哦，这样啊，那可（kě 21）能要总部技术人员才能（néng）查清楚了，我把您的情况上报给总部，一（yí 35）个小时内（nèi）会有总部人员跟您联系。

乙：好的，多谢你！

丁：（半小时后致电乙）喂，您好！您是刚刚投诉客户没有签收系统却显示正常签收的商家吧，我查了一（yí 35）下，您这单是系统故障显示正常签收，这是我们的问题，您可（kě 35）以（yǐ 21）提交理（lǐ 21）赔申请。

乙：好的，多谢你！

乙：（致电甲）您好！我刚刚咨询了快递公司，您的椅子破损完全是快递公司的责任，我马（mǎ 21）上给您补（bǔ 21）发。

甲：好的，麻烦你了。

四 短文朗读

朗读下面的文章，掌握包装的历史和发展趋势，并注意音变、重音、停顿和语调。

包装的未来发展趋势

专家指出，塑料绿色包装行业存在九（jiǔ 35）种（zhǒng 21）发展趋势。

（1）研究开发可回收利用的绿色包装材料。包装废弃物法（fǎ 21）规因地而异，但有一（yí 35）个共同的原则：鼓励少用原材料。在包装设计上应尽（jǐn 21）量使用同一（yī 55）材料、可分离可共存的材料，并趋向于使用结构简单、容易循环再生的材料。在满足包装功能的前提下，尽量减少垃圾的生产量，从而呈现包装薄（báo）膜轻量化发展趋势。

（2）研究塑料稳定化技术。塑料稳定化技术发展的关键是进行新的抗氧剂、紫外线稳定剂和自由基捕（bǔ 21）获剂的制备及其应用的研究开发。日用化学品、灌装塑料容器、装食品（pǐn 21）用的托盘或周转箱等，可利用塑料稳定化技术。制造高质量的塑料制品（pǐn 214），以提高它再使用或回收再利用的价值。

（3）研究塑料可降（jiàng）解（jiě 21）技术。可降解塑料一（yì 51）般分为（wéi）生物降解塑料、光降解塑料和生物/光降解塑料等。国内研发的品种已涵盖光降解、光生物降解、光氧化生物降解、高淀粉含量型生物降解、高碳酸钙填充型光氧化生物降解、全生物降解等（děng 21）大类。可降解塑料制品在包装方面的应用，已遍及于普通包装薄膜、收缩薄膜、购物袋、垃圾袋等（děng 35），对于改善环境质量发挥（huī）了积极的作用。从保护生态平衡（héng）出发，研究完全生物降解塑料已迫在眉睫，特别是食用粉或无机矿物质填充的高质量、低成本（běn 21）全生物降解塑料是可降解塑料目前的重要研究课题。

……

——中国木制品包装网

巩固训练

捆绑 kǔnbǎng	棒槌 bàngchui	商品 shāngpǐn	密封 mìfēng
粘贴 zhāntiē	对折 duìzhé	杀菌 shājūn	防水 fángshuǐ
防霉 fángméi	防尘 fángchén	消毒 xiāodú	灌装 guànzhuāng
竹炭 zhútàn	化纤 huàxiān	卷材 juǎncái	餐盒 cānhé
礼篮 lǐlán	酒盒 jiǔhé	竹篮 zhúlán	麻袋 mádài
布袋 bùdài	装箱 zhuāngxiāng	封箱 fēngxiāng	橡皮 xiàngpí
纤维 xiānwéi	蚕丝 cánsī	羊毛 yángmáo	毛线 máoxiàn
隔绝 géjué	充氮 chōngdàn	五金 wǔjīn	蔬菜 shūcài
肉类 ròulèi	鱼类 yúlèi	蜜糖 mìtáng	鲜花 xiānhuā
干花 gānhuā	泡罩 pàozhào	器械 qìxiè	书本 shūběn

纺织品 fǎngzhīpǐn	彩条布 cǎitiáobù	印刷品 yìnshuāpǐn
竹制品 zhúzhìpǐn	棉织品 miánzhīpǐn	灭菌袋 mièjūndài
黏结剂 niánjiéjì	溶剂型 róngjìxíng	医疗级 yīliáojí
保鲜膜 bǎoxiānmó	气泡膜 qìpàomó	橡皮筋 xiàngpíjīn
拉伸膜 lāshēnmó	气垫膜 qìdiànmó	热熔胶 rèróngjiāo
打包盒 dǎbāohé	蛋糕盒 dàngāohé	透明盒 tòumínghé
空气袋 kōngqìdài	礼品纸 lǐpǐnzhǐ	面粉袋 miànfěndài

铁油桶 tiěyóutǒng　　标准袋 biāozhǔndài　　塑料袋 sùliàodài
礼品盒 lǐpǐnhé　　包装盒 bāozhuānghé　　金属箱 jīnshǔxiāng
围板箱 wéibǎnxiāng　　封切机 fēngqiējī　　封箱机 fēngxiāngjī
琳琅满目 línláng-mǎnmù　　买椟还珠 mǎidú-huánzhū
目不暇接 mùbù-xiájiē　　绣花枕头 xiùhuā-zhěntou
充气包装 chōngqì-bāozhuāng　　真空包装 zhēnkōng-bāozhuāng
保鲜包装 bǎoxiān-bāozhuāng　　礼物包装 lǐwù-bāozhuāng
钢化玻璃 gānghuà-bōli　　创意包装 chuàngyì-bāozhuāng
玲珑剔透 línglóng-tītòu　　美轮美奂 měilún-měihuàn
医用包装 yīyòng-bāozhuāng　　器械包装 qìxiè-bāozhuāng
涂胶卷材 tújiāo-juǎncái　　薄膜卷材 báomó-juǎncái
铝箔卷材 lǚbó-juǎncái　　纸质卷材 zhǐzhì-juǎncái
月饼包装 yuèbǐng-bāozhuāng　　环保包装 huánbǎo-bāozhuāng
绿色包装 lǜsè-bāozhuāng　　调料包装 tiáoliào-bāozhuāng
运输包装 yùnshū-bāozhuāng　　贴体包装 tiētǐ-bāozhuāng
单个包装 dāngè-bāozhuāng　　纸类包装 zhǐlèi-bāozhuāng
塑料包装 sùliào-bāozhuāng　　生产方便 shēngchǎn-fāngbiàn
保管方便 bǎoguǎn-fāngbiàn　　使用方便 shǐyòng-fāngbiàn

拓展训练

随着人们生活水平的日益提高，丰富多彩的生活用品应有尽有，而伴随着这些用品的出现，有一种物品特别明显地多了起来。家庭、商场、店铺到处都有，这就是各种各样的包装盒和包装袋，看着这些做工讲究、图案精美、里三层外三层的包装，除了能把商品带到目的地，之后一点用处都没有了，对此你有什么看法呢？

1. 组长召集小组成员讨论，安排一人做记录。每人发言时间不少于 1 分钟，内容必须有理有据。

2. 各组派代表上台发言，每组发言时间不少于 3 分钟，内容必须有理有据。

任务考核

任务 6　包装口语应用考核评分表

评价主题	评价项目与内容	评价分值				
		10	7	5	3	1
学生自评	1. 积极动口、动脑，勤于参与课堂练习					
	2. 积极思考，敢于提出问题					
	3. 认真礼貌地评价他人并积极发表自己的观点					
	4. 谦恭有礼、团结友爱、常怀感恩之心					
学生互评	1. 主动与同学合作，互相帮助					
	2. 出色完成小组分配的任务					
	3. 认真听取同学的观点和意见					
教师评价	1. 与包装相关词语发音标准					
	2. 能正确处理音变、重音、停顿和语调等语音现象					
	3. 朗读文章语音标准、语言流畅，对话语音语调恰当					
总分						

任务 7 配送口语应用

学习目标

1. 掌握物流配送环节专业术语的规范表述和正确的语音语调。

2. 能够熟练运用普通话知识和技巧介绍物流配送作业，并完成配送方式咨询、送货交货等交际任务。

3. 感受母语的语言魅力，感知物流配送行业的发展和前景，树立爱岗敬业、脚踏实地、热情服务的良好职业道德和为物流行业无私奉献的精神。

知识内容

一 词组训练

1. 配送管理

备货 bèihuò　筹集 chóují　订货 dìnghuò　购货 gòuhuò
集货 jíhuò　进货 jìnhuò　货源 huòyuán　结算 jiésuàn
检查 jiǎnchá　交接 jiāojiē　成本 chéngběn　合理 hélǐ
配送 pèisòng　拣选 jiǎnxuǎn　加工 jiāgōng　包装 bāozhuāng
分割 fēngē　组配 zǔpèi　仓储 cāngchǔ　搬运 bānyùn
储备量 chǔbèiliàng　零库存 língkùcún　满库存 mǎnkùcún
运输量 yùnshūliàng　性价比 xìngjiàbǐ　低成本 dīchéngběn
一站式 yízhànshì　第三方 dìsānfāng　中转站 zhōngzhuǎnzhàn
小规模 xiǎoguīmó　大规模 dàguīmó　短距离 duǎnjùlí
长距离 chángjùlí　高频度 gāopíndù　高要求 gāoyāoqiú
配送成本 pèisòng-chéngběn　配送中心 pèisòng-zhōngxīn
配送管理 pèisòng-guǎnlǐ　配送目标 pèisòng-mùbiāo
保险储备 bǎoxiǎn-chǔbèi　周转储备 zhōuzhuǎn-chǔbèi
物流活动 wùliú-húodòng　流通加工 liútōng-jiāgōng
装卸搬运 zhuāngxiè-bānyùn　服务水平 fúwù-shuǐpíng

2. 配送类型

分拣 fēnjiǎn　配货 pèihuò　分类 fēnlèi　拣取 jiǎnqǔ
行走 xíngzǒu　搬运 bānyùn　包装 bāozhuāng　检验 jiǎnyàn
组配 zǔpèi　运力 yùnlì　货位 huòwèi　车位 chēwèi
种类 zhǒnglèi　数量 shùliàng　品种 pǐnzhǒng　时间 shíjiān
单一 dānyī　线路 xiànlù　送达 sòngdá　组合 zǔhé
摘取式 zhāiqǔshì　播种式 bōzhǒngshì　大批量 dàpīliàng
小批量 xiǎopīliàng　多批次 duōpīcì　少批次 shǎopīcì
储存点 chǔcúndiǎn　需求量 xūqiúliàng　配送量 pèisòngliàng
日配送 rìpèisòng　班车制 bānchēzhì　混合制 hùnhézhì
代理人 dàilǐrén　零售点 língshòudiǎn　配送点 pèisòngdiǎn
按单分拣 àndān-fēnjiǎn　批量分拣 pīliàng-fēnjiǎn
配送频次 pèisòng-píncì　电子商城 diànzǐ-shāngchéng
家电配送 jiādiàn-pèisòng　企业配送 qǐyè-pèisòng
定时配送 dìngshí-pèisòng　定量配送 dìngliàng-pèisòng
准点配送 zhǔndiǎn-pèisòng　加急配送 jiājí-pèisòng

3. 配送方式

加工 jiāgōng　流通 liútōng　组装 zǔzhuāng　标签 biāoqiān
打包 dǎbāo　套裁 tàocái　分份 fēnfèn　装袋 zhuāngdài
摆放 bǎifàng　清点 qīngdiǎn　交货 jiāohuò　送货 sònghuò
储备 chǔbèi　储存 chǔcún　暂存 zàncún　日配 rìpèi
告竭 gàojié　缺供 quēgòng　周期 zhōuqī　存档 cúndàng
原料菜 yuánliàocài　浅加工 qiǎnjiāgōng　深加工 shēnjiāgōng
订单号 dìngdānhào　专业化 zhuānyèhuà　现代化 xiàndàihuà
自营型 zìyíngxíng　快递员 kuàidìyuán　配送者 pèisòngzhě
工业品 gōngyèpǐn　农产品 nóngchǎnpǐn　初加工 chūjiāgōng
消费量 xiāofèiliàng　消费者 xiāofèizhě　消费品 xiāofèipǐn
传真订货 chuánzhēn-dìnghuò　邮寄订货 yóujì-dìnghuò
购货计划 gòuhuò-jìhuà　备货规模 bèihuò-guīmó
货物储存 huòwù-chǔcún　分散库存 fēnsàn-kùcún
订货方式 dìnghuò-fāngshì　厂商铺货 chǎngshāng-pūhuò
隔日送货 gérì-sònghuò　自行取货 zìxíng-qǔhuò

4. 配送策略

企业 qǐyè　自营 zìyíng　外包 wàibāo　混合 hùnhé
规模 guīmó　规格 guīgé　品质 pǐnzhì　销量 xiāoliàng

融合 rónghé　合并 hébìng　成本 chéngběn　层次 céngcì
容积 róngjī　满载 mǎnzài　共享 gòngxiǎng　协作 xiézuò
联合 liánhé　地域 dìyù　纽带 niǔdài　延迟 yánchí
系列化 xìlièhuà　产品线 chǎnpǐnxiàn　不必要 bùbìyào
差异化 chāyìhuà　高层级 gāocéngjí　低层级 dīcéngjí
载重量 zàizhòngliàng　有利于 yǒulìyú　智能化 zhìnénghuà
密度大 mìdùdà　程度高 chéngdùgāo　标准化 biāozhǔnhuà
尽可能 jǐnkěnéng　零部件 língbùjiàn　模块化 mókuàihuà
即时配送 jíshí-pèisòng　定点配送 dìngdiǎn-pèisòng
末端运输 mòduān-yùnshū　支线运输 zhīxiàn-yùnshū
配送路线 pèisòng-lùxiàn　配送加工 pèisòng-jiāgōng
送达服务 sòngdá-fúwù　送货上门 sònghuò-shàngmén
技术装备 jìshù-zhuāngbèi　流通领域 liútōng-lǐngyù

二 语句训练

1. 变调

（1）配送储（chǔ，21）备是按一（yí，35）定时期的配送经营要求，形成的对配送的资源保（bǎo，21）证。

（2）配送运输是较短（duǎn，21）距离、较小（xiǎo，21）规模、额度较高的运输形式，一（yì，51）般使用汽车做运输工具。

（3）配送的一（yì，51）般流程比（bǐ，21）较规范，但并不（bú，35）是所有货物的配送都按照相同的流程进行，不同产（chǎn，35）品（pǐn，21）的配送可能有其独特之处。

2. 重音

（1）配装是配送系统中有现代特点的功能要素，也是现代配送不同于已往送货的重要区别。

（2）根据需求、重量和其他产品特征配备货位，以更快、更准确地捡货，提高生产率。

（3）典型的实物配送运行周期包括 5 个相关活动，它们是订单传递、订单处理、订单拣选、订单运输和交付客户。

3. 停顿

（1）配送管理/包括仓储、物资搬移、包装、库存控制、订单处理和运输/等

活动。//

（2）备货是配送的准备工作/或基础工作，//备货工作/包括筹集货源、订货或购货、集货、进货/及有关的质量检查、结算、交接等。//

（3）配送/是在经济合理区域范围内，/根据用户的要求，/对货物进行拣选、加工、包装、分割、组配等作业，/并按时送达指定地点的/物流活动。//

4. 语调

（1）物流配送定位在为电子商务客户提供服务，（↘）根据电子商务的特点，（→）对整个物流配送体系实行统一的信息管理和调度，（↘）按照用户订货要求，（→）在物流基地进行理货工作，（→）并将配好的货物送交收货人的一种物流方式。（→）

（2）广义的物流节点是指所有进行物资中转、集散和储运的节点，（↗）包括港口、空港、火车货运站、公路枢纽、大型公共仓库及现代物流（配送）中心、物流园区等。（→）

（3）由于落后的生产力，（↘）低下的经济发展水平，（↗）加上其他各方面的因素的制约，（→）这些运输线路上的中转站并没有得到持续平稳的发展。（→）

三 会话训练

配送过程是物流中很重要的一个环节，它不同于运输长距离、大货量的“干线运输”方式，配送通常是短距离、多货品的“支线运输”，它更加注重的是配送人员的服务质量和时间效益。送货员小王正在联系客户确认收货的相关事宜。

朗读下列对话，掌握配送的相关要素，并注意音变、重音、停顿和语调。

您的货品已送达，请查收

（送货员首先核对[①]单据[②]和货品[③]，并带齐相关资料，如客户订单资料、检验报告、收款码、笔等；然后在送货上门前电话联系顾客，确认顾客收货地点，是否能准时收货。）

送货员：刘老板，您好！我是××农产品公司的送货员，您的订单[④]（10 件柑橘、10 箱蜂蜜）现在安排给您送货，和您确认一下：是送到家和小区吗？我们大概还有 30 分钟到，请您到时签收[⑤]。

客　户：是的，是送到家和小区，好的，我在小区门口等，路上注意安全。

送货员：刘老板，您好！我是××农产品公司的送货员[⑥]小王，这是您的订单请确认，请问柑橘和蜂蜜卸[⑦]在什么地方？

客　户：卸到小区门口超市就可以，辛苦你们啦！

送货员：刘老板，您订的 10 件柑橘、10 箱蜂蜜已摆放好，请您清点[8]一下数量，如没有问题，麻烦您在送货单[9]上面签名确认。

客　户：好的，货物我已清点完毕，没有问题。

送货员：刘老板，您好，本次订单货款[10]一共 500 元，请问您是使用支付宝、微信转账支付还是现金支付？

客　户：我使用微信支付吧！

送货员：好的，谢谢您。

送货员：刘老板，我们去下一个地方送货了，感谢您选择我司的商品，祝您生活愉快。

客　户：好的！你们路上注意安全，辛苦啦，再见！

语音注释：

①核对 héduì　②单据 dānjù
③货品 huòpǐn　④订单 dìngdān
⑤签收 qiānshōu　⑥送货员 sònghuòyuán
⑦卸 xiè　⑧清点 qīngdiǎn
⑨送货单 sònghuòdān　⑩货款 huòkuǎn

四　短文朗读

我国物流行业的发展起步并不算早，但近年来发展迅猛。朗读下列短文，了解我国物流配送的起源和发展历程，并注意音变、重音、停顿和语调。

我国物流配送的发展历程

“配送[1]”的概念最早曾广泛地在日本使用，它是英语“delivery”的意译，是交货、送货的意思。对于配送，目前尚无一个统一的定义，各种文献说法不一，如有的强调[2]送货，有的强调运送[3]范围。一般来说，配送是指根据用户的要求，在物流据点内进行分拣[4]、配货[5]等工作，并将配好的货物适时地送交收货人的过程。

中国的物流配送发展历程基本上可以分为三个阶段。第一阶段：20 世纪 80 年代以前，在我国计划经济体制及自力更生的思想下，基本上没有什么真正意义上的配送活动。所有的物资都是由政府物资部门负责，按计划购买、运输，并按计划进行分配[6]，只有某些特殊物资，如木材、钢铁等需要定期大量运输，但是路线通常固定。这可以算是配送的初级形态，此阶段并没有意识到物流以及配送潜在的利润空间[7]，技术装备主要是以手工业和机械作业[8]为主，效率低下。

第二阶段：20 世纪 80 年代，随着改革开放的实行，生产力得到了巨大发展，社会主义市场经济开始初步形成。商品市场、生产市场逐渐繁荣，企业脱离计划经济的束缚，出现了市场竞争。一部分企业为了在竞争中占据主动位置，对部分商品采取送货上门的方法，这就是我国物流配送的发展阶段。该阶段也并没有从本质上认识到物流配送背后的利润，随着科学技术的发展，技术装备与以前相比有所提高。

第三阶段：20 世纪 90 年代至今，随着国外物流理念[9]引入我国。在这种环境下，人们突然认识到物流在流通领域中可挖掘的巨大利润空间，它是现代经济发展的第三利润源[10]，于是专业的物流配送公司便随之产生。消费市场由卖方市场转变为买方市场，彻底改变了传统的商业流通模式。

语音注释：

①配送 pèisòng	②强调 qiángdiào
③运送 yùnsòng	④分拣 fēnjiǎn
⑤配货 pèihuò	⑥分配 fēnpèi
⑦利润空间 lìrùn-kōngjiān	⑧机械作业 jīxiè-zuòyè
⑨物流理念 wùliú-lǐniàn	⑩利润源 lìrùnyuán

巩固练习

练习下列词语，注意声母、韵母、声调、变调以及词语轻重格式。

备货 bèihuò	配装 pèizhuāng	搬装 bānzhuāng	拼装 pīnzhuāng
摆放 bǎifàng	快件 kuàijiàn	分货 fēnhuò	作业 zuòyè
库务 kùwù	库存 kùcún	成品 chéngpǐn	货单 huòdān
订单 dìngdān	区域 qūyù	线路 xiànlù	编号 biānhào
出货 chūhuò	标识 biāoshí	放行 fàngxíng	产品 chǎnpǐn
凭证 píngzhèng	汇总 huìzǒng	存栏 cúnlán	依据 yījù
交货 jiāohuò	装运 zhuāngyùn	周转 zhōuzhuǎn	路线 lùxiàn
拣选 jiǎnxuǎn	包装 bāozhuāng	加工 jiāgōng	组配 zǔpèi
分割 fēngē	范围 fànwéi	按时 ànshí	送达 sòngdá
地点 dìdiǎn	共同 gòngtóng	联合 liánhé	实施 shíshī

信息化 xìnxīhuà	区域链 qūyùliàn	多品种 duōpǐnzhǒng
小批量 xiǎopīliàng	网格化 wǎnggéhuà	出库单 chūkùdān
配送前 pèisòngqián	刷标志 shuābiāozhì	栓标签 shuānbiāoqiān
载重量 zàizhòngliàng	标准化 biāozhǔnhuà	产业链 chǎnyèliàn
冷藏区 lěngcángqū	冷冻区 lěngdòngqū	恒温区 héngwēnqū
储存区 chǔcúnqū	可控区 kěkòngqū	收货区 shōuhuòqū

发货区 fāhuòqū　堆放区 duīfàngqū　暂存区 zàncúnqū
装卸区 zhuāngxièqū　集货区 jíhuòqū　仓储区 cāngchǔqū
密封车 mìfēngchē　加长车 jiāchángchē　冷藏车 lěngcángchē
无人车 wúrénchē　隔热车 gérèchē　特种车 tèzhǒngchē
共同配送 gòngtóng-pèisòng　配送中心 pèisòng-zhōngxīn
按时送达 ànshí-sòngdá　指定地点 zhǐdìng-dìdiǎn
联合组织 liánhé-zǔzhī　配送业务 pèisòng-yèwù
用户服务 yònghù-fúwù　功能健全 gōngnéng-jiànquán
信息网络 xìnxī-wǎngluò　辐射范围 fúshè-fànwéi
先后顺序 xiānhòu-shùnxù　分门别类 fēnmén-biélèi
物品装载 wùpǐn-zhuāngzài　施加包装 shījiā-bāozhuāng
简单作业 jiǎndān-zuòyè　组合拼装 zǔhé-pīnzhuāng
定时配送 dìngshí-pèisòng　定点配送 dìngdiǎn-pèisòng
定量配送 dìngliàng-pèisòng　即时配送 jíshí-pèisòng
成套配送 chéngtào-pèisòng　仓储配送 cāngchǔ-pèisòng
商店配送 shāngdiàn-pèisòng　配送路线 pèisòng-lùxiàn
配送加工 pèisòng-jiāgōng　流通加工 liútōng-jiāgōng
服务效益 fúwù-xiàoyì　车辆配载 chēliàng-pèizài
经济路线 jīngjì-lùxiàn　信息系统 xìnxī-xìtǒng

拓展训练

家庭日杂用品的配送作业

物流配送公司按照客户的要求进行家庭日杂用品的配送，是一种企业对消费者的多品种、小批量的配送，它由配送中心实施，是一种典型的配送作业活动。它反映了配送作业为企业创造利润、为用户带来便利、为商品销售提供支持等功能，同时也反映了配送作业的一般形态和流程。

1. 请朗读以下短文，注意声母、韵母、声调、变调、音变、重音、停顿和语调等语言现象。

2. 根据短文提示，两人一组完成下列配送工作的情景表演。

某配送中心为北京几个超市提供部分商品的配送服务。某日，该中心接到客户超市的订单传真，要求中心为该超市配送可口可乐 9 箱、飘柔洗发水 8 箱、康师傅香辣牛肉面 6 箱、雕牌洗洁精 30 瓶、力士香皂 2 箱、顺美扫帚 15 把、马可波罗火腿肠 5 箱、蒙牛纯牛奶 12 箱、米醋 50 瓶及娃哈哈矿泉水 15 箱等货物，货款按以前的协议于月底结清。物流员为满足客户要求，做了如下工作：

1. 录入订单信息。

2. 筹集部分缺货并进行存储。
3. 按照客户的要求进行货物选取、分装。
4. 对所需货物进行配装。
5. 把装箱的货物运输送达客户。
6. 在运输和保管货物的过程中，进行装卸搬运作业。

任务考核

任务 7　配送口语应用考核评分表

评价主体	评价项目与内容	评价分值（分）				
		10	7	5	3	1
学生自评	1. 掌握物流配送专业词汇的语音语调					
	2. 能够用普通话准确表达配送行业术语					
	3. 能够用普通话完成配送情景交际任务					
学生互评	1. 乐于助人，善于团队合作					
	2. 课堂表现积极、乐于语言学习					
	3. 上台展示仪态大方、语音标准、语言流畅					
教师评价	1. 普通话声母、韵母、声调准确					
	2. 普通话重音、停顿、语调规范					
	3. 配送专业术语表达规范，使用正确					
总分						

任务 8 客服口语应用

学习目标

1. 掌握物流客服环节专业术语的规范表述和正确的语音语调。

2. 能够熟练运用普通话知识和技巧介绍物流客服流程，并完成有效处理客户投诉、给客户写产品介绍邮件等交际任务。

3. 感受母语的语言魅力，感知物流客服行业的作用和重要性，树立吃苦耐劳、热情服务、细心耐心等良好职业道德和为物流行业无私奉献的精神。

知识内容

一 词组训练

1. 客服咨询

规格 guīgé　等级 děngjí　样品 yàngpǐn　品质 pǐnzhì

货号 huòhào　标准 biāozhǔn　款式 kuǎnshì　色彩 sècǎi

对等 duìděng　参考 cānkǎo　原样 yuányàng　复样 fùyàng

接听 jiētīng　呼叫 hūjiào　咨询 zīxún　回应 huíyìng

沟通 gōutōng　对话 duìhuà　流程 liúchéng　询问 xúnwèn

宣传册 xuānchuáncè　新客户 xīnkèhù　老客户 lǎokèhù

市场部 shìchǎngbù　研发部 yánfābù　销售部 xiāoshòubù

使用端 shǐyòngduān　接听端 jiētīngduān　提货单 tíhuòdān

满意度 mǎnyìdù　信任度 xìnrèndù　咨询量 zīxúnliàng

互联网 hùliánwǎng　浏览量 liúlǎnliàng　访客量 fǎngkèliàng

商品目录 shāngpǐn-mùlù　信息反馈 xìnxī-fǎnkuì

网络咨询 wǎngluò-zīxún　电话咨询 diànhuà-zīxún

回复及时 huífù-jíshí　定期拜访 dìngqī-bàifǎng

限时折扣 xiànshí-zhékòu　火爆热卖 huǒbào-rèmài

新品上市 xīnpǐn-shàngshì　节日特惠 jiérì-tèhuì

2. 售后处理

退款 tuìkuǎn　退货 tuìhuò　换货 huànhuò　折扣 zhékòu
好评 hǎopíng　中评 zhōngpíng　差评 chàpíng　反馈 fǎnkuì
受理 shòulǐ　回访 huífǎng　解答 jiědá　跟进 gēnjìn
维护 wéihù　整理 zhěnglǐ　编辑 biānjí　发布 fābù
反映 fǎnyìng　处理 chǔlǐ　索赔 suǒpéi　补偿 bǔcháng
批发商 pīfāshāng　零售商 língshòushāng　供应商 gōngyìngshāng
消费者 xiāofèizhě　权益方 quányìfāng　买卖方 mǎimàifāng
已发货 yǐfāhuò　未发货 wèifāhuò　退换货 tuìhuànhuò
再销售 zàixiāoshòu　完整性 wánzhěngxìng　下单率 xiàdānlǜ
有耐心 yǒunàixīn　好脾气 hǎopíqi　高素质 gāosùzhì
取消交易 qǔxiāo-jiāoyì　取消订单 qǔxiāo-dìngdān
批评指正 pīpíng-zhǐzhèng　服务水平 fúwù-shuǐpíng
调查问卷 diàochá-wènjuàn　客户意见 kèhù-yìjiàn
运作模式 yùnzuò-móshì　正面沟通 zhèngmiàn-gōutōng
问题收集 wèntí-shōují　有效反馈 yǒuxiào-fǎnkuì

3. 订单管理

客户 kèhù　订单 dìngdān　联络 liánluò　资料 zīliào
拣选 jiǎnxuǎn　管理 guǎnlǐ　平衡 pínghéng　辜负 gūfù
监督 jiāndū　改善 gǎishàn　简化 jiǎnhuà　常规 chángguī
履行 lǚxíng　保障 bǎozhàng　逾期 yúqī　电商 diànshāng
出错率 chūcuòlǜ　非常规 fēichángguī　交付期 jiāofùqī
可行性 kěxíngxìng　指导价 zhǐdǎojià　地区性 dìqūxìng
核算员 hésuànyuán　采购员 cǎigòuyuán　指令单 zhǐlìngdān
成品库 chéngpǐnkù　通知单 tōngzhīdān　承运方 chéngyùnfāng
运输费 yùnshūfèi　订单量 dìngdānliàng　承接量 chéngjiēliàng
订单评审 dìngdān-píngshěn　签订合同 qiāndìng-hétóng
服务质量 fúwù-zhìliàng　管理成本 guǎnlǐ-chéngběn
商务报价 shāngwù-bàojià　最优成本 zuìyōu-chéngběn
目标定位 mùbiāo-dìngwèi　承接管理 chéngjiē-guǎnlǐ
生产管理 shēngchǎn-guǎnlǐ　交付管理 jiāofù-guǎnlǐ

4. 绩效评价

损失 sǔnshī　变量 biànliàng　偏差 piānchā　缺货 quēhuò
概率 gàilǜ　推迟 tuīchí　选购 xuǎngòu　潜在 qiánzài
策略 cèlüè　成本 chéngběn　收益 shōuyì　权衡 quánhéng

等级 děngjí 维持 wéichí 审查 shěnchá 获利 huòlì
问卷 wènjuàn 座谈 zuòtán 指标 zhǐbiāo 跟踪 gēnzōng
目标值 mùbiāozhí 实际值 shíjìzhí 替代品 tìdàipǐn
销售额 xiāoshòu'é 贡献度 gòngxiàndù 便利性 biànlìxìng
供求率 gōngqiúlǜ 满足率 mǎnzúlǜ 及时率 jíshílǜ
满意度 mǎnyìdù 操作性 cāozuòxìng 忠诚度 zhōngchéngdù
可得性 kědéxìng 灵活性 línghuóxìng 货损率 huòsǔnlǜ
惩罚成本 chéngfá-chéngběn 控制成本 kòngzhì-chéngběn
企业形象 qǐyè-xíngxiàng 客服水平 kèfú-shuǐpíng
关键产品 guānjiàn-chǎnpǐn 核心价值 héxīn-jiàzhí
销量损失 xiāoliàng-sǔnshī 市场份额 shìchǎng-fèn'é
营销策略 yíngxiāo-cèlüè 考评体系 kǎopíng-tǐxì

二 语句训练

1. 变调

（1）物流客服服务具体包括运输与配送、保（bǎo，35）管、装卸搬运、包装、流通加工等以及与其关联的物流信息。

（2）物流客户服务主（zhǔ，21）要是围绕着客户所期待的商品，所期望的传递时间以及所期望的质量而展（zhǎn，21）开的，在企业经营中有相当的作用。

（3）市场机制和价格机制的供求关系决定了物流客户服务的价值，以及决定了一（yí，35）定服务水准下的成本。

2. 重音

（1）随着网络的发展，企业间的竞争已淡化了地域的限制，其竞争的中心是物流服务的竞争。

（2）进入细分化市场营销阶段，市场需求出现多样化和分散化，而且，发展变化十分迅速。

（3）合理的物流方式不仅能提高商品流通效率，而且能从利益上推动企业发展，成为企业利润的第三大来源。

3. 停顿

（1）物流客户服务/是有效连接供应商、生产商、批发商和零售商的/重要环节。//

（2）一些大型零售业/为降低商品购入/和降低物流成本，//改变原来的/物流系统，//转而实行/由零售主导的/共同配送、直送、JIT 配送等/新型物流客户服务，//以支持零售经营战略的/展开//。

（3）物流客服职责/包括/每日给客户的到货信息反馈、提供客户咨询的货物信息、协调送货司机和客户之间的问题/以及/破损货物的处理//。

4. 语调

（1）在这种状况下，（↘）企业经营较以往任何时期都要艰巨，（→）即只有不断符合各种不同类型、不同层次的市场需求，（↗）并且迅速、有效地满足其欲望，（→）才能使企业在激烈的竞争和市场变化中求得生存和发展。（→）

（2）在物流开始成为经营战略重要一环的过程中，（→）物流客户服务越来越具有经济性的特征，（↗）即物流客户服务有随市场机制和价格机制变化而变化的倾向。（→）

（3）对于客户来说，（→）在下单之后最关心的就是发货物流问题，（↗）客服需要同时与买家和物流公司沟通，所以（↘）客服需要掌握一定的说话技巧来耐心回复客户。（→）

三 会话训练

抱怨、投诉对于公司来说，可谓最常见的“危机事件”了。每一起投诉就像一支小小的烟头，如果处理不当就有可能引发一场森林大火，所以经验丰富的客服人员处理客户的投诉就是在挽救公司的损失。客服小李正在有条不紊地处理客户投诉的相关事宜。朗读下列对话，掌握处理客户投诉的正确步骤，并注意音变、重音、停顿和语调。

您的满意是我们最大的追求

客服人员：您好，请问有什么可以帮您？

客　　户：您好，你们店的产品质量怎么这么差啊！才买一个月的手机死机无数回了，手机我不要了，我要求全额[1]退款[2]！

客服人员：非常对不起，我非常理解您此时的感受，让我看一下该如何帮您。

客　　户：已经去你们维修中心检测[3]过一次了，检测的时候说没有任何问题，今天又有毛病了。

客服人员：王先生，您别着急，根据您的描述[4]，您一个月前买了我们门店的手机，但发现有时会无故死机。您已经到我们的手机维修中心检测过，但检测结果没有任何问题。今天，死机现象再次发生，您要求全额退款。对吗？

客　　户：是的，真的太让人生气了！

客服人员：王先生，根据购物资料显示，您已经是我们门店多年的老客户了，您放心，我们一定会给您一个满意的答复。

客　　户：就是因为是老顾客，我才无法容忍[5]你们卖出这样的产品。

客服人员：您看这样行不行，我们先帮您更换一部全新的手机，如果之后还出现死机现象，我们依然给您全额退款，您觉得怎么样？

客　　户：质量行不行啊？不会是在拖延[6]我的时间吧！

客服人员：不会的。王先生，我们作为十五年的老店承诺[7]是有保障的。同时，为了弥补[8]您本次的损失，我们还免费赠送您一副无线耳机，不知道您是否满意？

客　　户：好吧，好吧，我就暂时试一下。

客服人员：王先生，后续有任何问题您可以随时致电我们，给您带来的损失和不便再次表示真诚的歉意。感谢您选择我司的商品，祝您生活愉快。再见！

客　　户：谢谢，你们的服务我还是比较满意的，再见！

语音注释：

①全额 quán'é　②退款 tuìkuǎn

③检测 jiǎncè　④描述 miáoshù

⑤容忍 róngrěn　⑥拖延 tuōyán

⑦承诺 chéngnuò　⑧弥补 míbǔ

四　短文朗读

电商客服是物流服务行业一个重要的岗位，它不仅是身处服务一线直接接触客户的对象，同时也代表着店铺和公司的形象。

朗读下列短文，了解作为一名合格的电商客服应具备哪些特点和行为准则，并注意音变、重音、停顿和语调。

电商客服准则

客服人员接触客户的第一线，一言一行[1]都代表着店铺和公司的形象，其本身就是产品专家和形象专家。客服人员应对公司非常了解，熟知[2]商品属性和相关知识，熟悉[3]买家购物流程和物流、支付等操作。

1. 响应要及时

客户首次到访打招呼的时间不能超过 15 秒。打字速度要快，至少要达到 50 字/分钟，且不能有错别字；每次回答客户问题，客户等待时间不能超过 20 秒。如回答太长，宜分次回答。

2. 热情亲切，肯吃苦耐劳

用语规范，礼貌问候，让客户感觉到热情，不是很生硬的话语，做到亲昵④称呼，自然亲切。据统计，网店客户咨询的往往是比较集中的几个问题，因此对于网店客服来说，每天需要重复回答那些问题，难免会感到枯燥⑤。除此之外，一些网店是24小时运营的，特别是一些大型活动日，咨询量是平时的几倍，甚至是几十倍，因此吃苦耐劳的精神对一名网店客服来说尤其重要。

3. 了解客户的需求

细心、耐心、有问必答、准确、找话题。对客户的咨询、客户需求给予⑥准确的回应，并快速提供客户满意的答复，需求不明确时做到引导客户产生需求。

4. 专业销售

自信、随需应变⑦、舒服。以专业的言语、专业的知识、专业的技能，回答客户问题，让客户感觉服务人员是专家。

5. 主动推荐和关联销售

善于向客户推荐公司主推款，并给予关联推荐，乃至达成更高的客单价。

6. 建立信任

建立好感、交朋友，并通过经验找到和客户共鸣的话题，想客户所想，给客户切实⑧的建议，获取客户的信任。服务过程中给客户良好的体验，并留下愉悦的回忆。

7. 转移话题，促成交易

碰到客户刁难⑨、啰唆⑩等不利局面，迅速转移话题，引导销售，并以促成交易为目的。

语音注释：

①一言一行 yīyán-yīxíng	②熟知 shúzhī
③熟悉 shúxi	④亲昵 qīnnì
⑤枯燥 kūzào	⑥给予 jǐyǔ
⑦随需应变 suíxū-yìngbiàn	⑧切实 qièshí
⑨刁难 diāonàn	⑩啰唆 luōsuo

巩固练习

练习下列词语，注意声母、韵母、声调、变调以及词语轻重格式。

称呼 chēnghu	请问 qǐngwèn	礼貌 lǐmào	微笑 wēixiào
态度 tàidù	客户 kèhù	温和 wēnhé	提问 tíwèn

先生 xiānsheng 女士 nǚshì 到达 dàodá 告知 gàozhī
委托 wěituō 承运 chéngyùn 货物 huòwù 送达 sòngdá
安排 ānpái 收货 shōuhuò 送货 sònghuò 途中 túzhōng
需求 xūqiú 导致 dǎozhì 按时 ànshí 联系 liánxì
耽误 dānwu 抱怨 bàoyuàn 形象 xíngxiàng 反馈 fǎnkuì
欢迎 huānyíng 热销 rèxiāo 产品 chǎnpǐn 满意 mǎnyì
鼓励 gǔlì 效劳 xiàoláo 光顾 guānggù 店铺 diànpù
质量 zhìliàng 手工 shǒugōng 放心 fàngxīn 购买 gòumǎi
您请讲 nínqǐngjiǎng 请稍等 qǐngshāoděng 很抱歉 hěnbàoqiàn
不用谢 bùyòngxiè 感谢您 gǎnxiènín 请等待 qǐngděngdài
请核实 qǐnghéshí 请签收 qǐngqiānshōu 请谅解 qǐngliàngjiě
请留意 qǐngliúyì 收货人 shōuhuòrén 发货方 fāhuòfāng
答复您 dáfùnín 通知您 tōngzhīnín 目的地 mùdìdì
多少件 duōshǎojiàn 请支付 qǐngzhīfù 运输费 yùnshūfèi
大限度 dàxiàndù 报价钱 bàojiàqián 给好评 gěihǎopíng
事实上 shìshíshàng 实际上 shíjìshàng 服务好 fúwùhǎo
差别化 chābiéhuà 多样化 duōyànghuà 分散化 fēnsànhuà
相关资料 xiāngguān-zīliào 耐心等待 nàixīn-děngdài
个人信息 gèrén-xìnxī 联系电话 liánxì-diànhuà
仔细查询 zǐxì-cháxún 解决问题 jiějué-wèntí
尽快安排 jǐnkuài-ānpái 运输编号 yùnshū-biānhào
立即安排 lìjí-ānpái 主动沟通 zhǔdòng-gōutōng
拖延时间 tuōyán-shíjiān 上门提货 shàngmén-tíhuò
亲自送货 qīnzì-sònghuò 特殊货物 tèshū-huòwù
计件收费 jìjiàn-shōufèi 解释清楚 jiěshì-qīngchǔ
价格标准 jiàgé-biāozhǔn 安全准时 ānquán-zhǔnshí
寄付现结 jìfù-xiànjié 货到付款 huòdào-fùkuǎn

拓展训练

给客户的产品介绍邮件

情境：你是杭州农特电子商务公司的客服代表，昨天一位张先生在网上留言，他对公司销售的山核桃很感兴趣，想买点送给国外的亲友品尝，但不太了解山核桃的特点、品质和购买流程、付款方法。

1. 请你作为客服代表，写一封电子邮件给客户，以促成交易。
2. 朗读你的邮件，注意声母、韵母、声调、变调、音变、重音、停顿和语调等语言现象。

注意事项：

1. 写明邮件主题、客户称呼、正文内容、联系方式及落款。
2. 开头部分进行自我介绍并表达对客户选择我司商品的感谢。
3. 介绍我司是山核桃的专业供应商，有上乘的产品和有竞争力的价格。
4. 详细介绍山核桃的品质、特点。
5. 推荐公司官网供客户下单购买，并提供微信、支付宝或网银多种付款方式。
6. 结尾再次感谢客户对产品的喜爱，表达祝福语。
7. 落款提供电话、手机、QQ、旺旺等多种联系方式。

任务考核

任务 8　客服口语应用考核评分表

评价主体	评价项目与内容	评价分值（分）				
		10	7	5	3	1
学生自评	1. 掌握物流客服的职责和作用					
	2. 能够用普通话正确表达客服行业术语					
	3. 能够自如应对不同的客户要求					
	4. 能够妥善运用化解客户投诉对话的技巧					
学生互评	1. 乐于助人，善于团队合作					
	2. 课堂表现积极、乐于语言学习					
	3. 上台展示仪态大方、语音标准、语言流畅					
教师评价	1. 普通话声母、韵母、声调准确					
	2. 普通话重音、停顿、语调规范					
	3. 客服专业术语表达规范，使用正确					
总分						

参考文献

[1] 阿里巴巴商学院．网点客服[M]．北京：电子工业出版社，2016.

[2] 李祎．客服管理工具箱[M]．北京：中国时代经济出版社，2011.

[3] 刘兰明，刘若汀．职业素养[M]．北京：电子工业出版社，2020.

[4] 邵小云．物业客服培训[M]．北京：化学工业出版社，2014.

[5] 孔继利．物流配送中心规划与设计[M]．北京：北京大学出版社，2016.

[6] 蓝仁昌，刘俐．物流企业运营管理[M]．北京：中国财富出版社，2019.

[7] 施云．生产物流管理[M]．北京：中国财富出版社，2019.

[8] 刘军．商贸物流管理[M]．北京：中国财富出版社，2019.

[9] 李加名．连锁企业物流配送中心运营实务[M]．北京：北京理工大学出版社，2014.

[10] 毛禹忠．国际物流配送和网络系统[M]．杭州：浙江大学出版社，2013.

[11] 付玮琼．图解商场超市采购与物流配送[M]．北京：化学工业出版社，2017.

[12] 李莉，魏宝红．物流英语[M]．北京：中央广播电视大学出版社，2012.

[13] 马笑，刘昌祺．物流配送中心分类与拣货系统实用技术[M]．北京：机械工业出版社，2014.

[14] 刘昌祺，王倪明，张俊霖．物流配送中心设计及其应用[M]．北京：机械工业出版社，2014.

[15] 刘昌祺，张立冬，周向阳．物流配送工程管理技术及其设计应用[M]．北京：中国物资出版社，2010.

[16] 柳蓉．智能仓储物流配送精细化管理务实[M]．北京：人民邮电出版社，2020.

[17] 李秀然．诵读艺术：技巧与训练[M]．北京：中国传媒大学出版社，2018.

[18] 宋欣桥．普通话语音训练教程[M]．北京：商务印书馆，2017.

[19] 湖南省语言文字工作者协会．普通话训练与测试[M]．海口：南方出版社，2019.

[20] 国家语言文字工作委员会培训测试中心．普通话水平测试大纲[M]．北京：商务印书馆，2021.

[21] 王国华．中国现代物流大全[M]．北京：中国铁道出版社，2004.

[22] 王爱霞．物流仓储实务[M]．北京：机械工业出版社，2019.

[23] 龚竞异．普通话训练与测试[M]．北京：高等教育出版社，2005.

[24] 陈晖．普通话测试与训练[M]．长沙：湖南大学出版社，2011.
[25] 杨国荣，徐兰．快递实务[M]．北京：北京理工大学出版社，2017.
[26] 李秀然．诵读艺术技巧与训练[M]．北京：中国传媒大学出版社，2018.
[27] 吴薇．演讲与口才[M]．北京：北京邮电大学出版社，2012.
[28] 孙旭．采购管理[M]．北京：清华大学出版社，2021.
[29] 吴吉明．货物运输实务[M]．北京：北京理工大学出版社，2020.